山西财经大学理论经济学文库；山西省"1331工程"资
国家社科基金项目"生产要素流动视角下的城乡
(16CJL024)的阶段性成果

中国工业化进程中的
农产品外贸政策研究

A Study of Agricultural Trade Policies during
the Process of China's Industrialization

韩媛媛／著

经济管理出版社
ECONOMY & MANAGEMENT PUBLISHING HOUSE

图书在版编目（CIP）数据

中国工业化进程中的农产品外贸政策研究/韩媛媛著. —北京：经济管理出版社，2021.2
ISBN 978-7-5096-7755-1

Ⅰ . ①中… Ⅱ . ①韩… Ⅲ . ①农产品贸易—对外贸易政策—研究—中国 Ⅳ . ①F752.652

中国版本图书馆 CIP 数据核字（2021）第 031098 号

组稿编辑：范美琴
责任编辑：赵天宇
责任印制：黄章平
责任校对：董杉珊

出版发行：经济管理出版社
　　　　　（北京市海淀区北蜂窝 8 号中雅大厦 A 座 11 层　100038）
网　　　址：www. E-mp. com. cn
电　　　话：（010）51915602
印　　　刷：唐山昊达印刷有限公司
经　　　销：新华书店
开　　　本：720mm × 1000mm/16
印　　　张：13.25
字　　　数：180 千字
版　　　次：2021 年 2 月第 1 版　2021 年 2 月第 1 次印刷
书　　　号：ISBN 978-7-5096-7755-1
定　　　价：98.00 元

前言

　　无论是在新中国经济初步得以恢复的 20 世纪 50 年代初期，还是在农产品贸易向自由化发展的 21 世纪，农产品外贸政策的调整与改革始终都是中国经济发展过程中一个绕不开的问题。自 2001 年之后，因履行入世承诺而进行的大规模调整使农产品外贸政策受到的关注越来越多，不过，学术界关注的多是入世前后的中国农产品外贸政策，在讨论中国农产品外贸政策对农业保护力度不足等问题时，也多限于从 20 世纪 90 年代后期以来的经济环境变化中去寻找原因。被关注的时间范围局限于近期与当前，也许是所有之前不受关注而后来受到广泛关注的政策都会遇到的问题。要全面了解一个政策的现存问题和把握其未来的改革方向，必须将该政策的来龙去脉了解清楚，将该政策与整个经济发展的过程联系起来进行考察。

　　为了更好地理解和解决中国农产品外贸政策的现存问题，有必要以工业化为背景对新中国成立以来的农产品外贸政策进行一次系统的考察。在以工业化为发展目标的时代，一切经济政策的目标和内容的调整都以工业化战略为指针，农产品外贸政策也不例外，工业化战略的转变循着两条路径影响着农产品外贸政策。随着工业化的推进和重工业优先发展战略的转变，支持工业发展的目标逐渐从农业政策目标中剥离出来，农业自身发展目标逐渐回归，农业产业安全受到更多重视；在外贸方面，进出口贸易不再单纯地以促进工业发展为目标，而是更加注重发挥比较优势，并逐渐实现工业产品对农产品等初级产品的出口替代。由于农产品外贸政策是农业政策和外贸政策的交集，所以因工业化推进和工业化战略调整导致的农业政策和外贸政策演变，最终带来了农产品外贸政策方面的相应变化。受工业化的影响，中国农产品外贸政策也呈现出阶段性演变的特征。

本书首先分析了工业化影响农产品外贸政策的两条路径，然后从两条路径角度对工业化初期和中期的中国农产品外贸政策进行考察；在分阶段考察的基础上，总结出了中国农产品外贸政策演变的特征，并对相关问题提出具体建议；最后对工业化中期之后的中国农产品外贸政策进行展望。具体章节安排如下：

第1章导论部分在解释问题的由来及评述国内外研究现状的基础上，阐明了本书的研究目的与研究意义，明确了研究的方法和内容，并指出了本书创新与不足之处。第2章首先在阐释农产品外贸政策概念的基础上，将其分为国内政策和边境政策两大部分；继而考察了工业化影响农产品外贸政策的现象，并解析了工业化影响农产品外贸政策的两条路径——产业结构政策路径和贸易政策路径——的由来。第3、4、5章是从工业化影响农产品外贸政策两条路径的角度对中国工业化初期至工业化中期的农产品外贸政策进行阶段性考察。根据中国工业化阶段的变化，本书将农产品外贸政策的演变历程分为三个时段，分别是20世纪50年代到80年代中期、20世纪80年代中期到2001年中国加入世界贸易组织之际和加入世界贸易组织之后的时段。每一章对农产品外贸政策的研究都循着以下的思路进行：首先，考察该阶段工业化所处的阶段、工业化战略的选择及工业化战略约束下的农业农村政策和外贸政策的阶段性演变，着重分析其中对农产品外贸政策造成影响的方面；其次，考察受到影响的农产品外贸政策在政策目标和具体政策措施上发生了哪些变化；最后，就每一阶段农产品外贸政策调整的特征、绩效或存在的问题进行评析。在第3、4、5章分阶段分析的基础上，第6章提炼出了中国工业化启动以来农产品外贸政策演变的三个特征：贸易影响路径越来越突出；来自两条路径的影响都促使农产品外贸政策被动地调整，从而带来了农产品贸易保护不足的问题；两条路径都向农产品外贸政策传导了粮食安全这一目标。这一章还就如何正视这些特征或者解决相关问题提出了建议。第7章首先根据工业化国家的历史经验和有关理论对中国农产品外贸政策的未来进行了预测，然后对本书做了总结，列出了主要观点和研究结论，并指出了今后应从哪些方面进行进一步的研究。

　　本书研究发现，由于中国的工业化经历了从相对封闭条件下的发展阶段向相对开放条件下的发展阶段转变，在这个过程中，经济开放和贸易自由化程度的提高使制定经济政策要考虑的外部因素越来越多，尤其是对外贸易政策，在制定时不仅要考虑避免外部冲击和促进国内经济发展的需要，还要考虑国际贸易规则的约束。这种变化逐渐改变着工业化影响农产品外贸政策两种路径的地位，扭转了工业化初期"产业结构战略—产业结构政策—农业政策—农产品外贸政策"这个影响路径一头独重的状况，贸易政策影响路径的重要性越来越凸显。

　　根据对发达国家历史经验的考察和中国农产品外贸政策演

变情况的分析，本书还对中国工业化中期之后的农产品外贸政策进行了推测，认为中国未来会在遵守国际规则的基础上尽量提高农产品贸易保护水平：第一，工业化后期，来自产业结构调整的压力和对外贸易方面的竞争压力依然存在，也即工业化影响农产品外贸政策的两条路径依然存在，而来自这两条路径的影响将共同导致农产品外贸政策保护水平的提高。第二，进入工业化后期乃至工业化实现之后，中国可能会像某些发达国家一样为维持一定水平的国内市场农产品价格而采取保护性贸易措施。

本书的创新之处在于，从工业化影响农产品外贸政策的角度对该政策进行了长时间的考察，并指出了工业化影响农产品外贸政策的两条路径。不过，关于中国工业化进程中的农产品外贸政策的研究还远未结束，今后至少可以从以下两个方面展开研究：第一，在进一步的研究中，应当就工业化影响农产品外贸政策两条路径形成机理这个问题进行深入探究，进一步挖掘两条路径背后的理论依据，以使对两条路径、两种影响的阐释更具有理论上的说服力。第二，将从工业化两条影响路径的角度探讨农产品外贸政策演变的做法推广到对其他国家农产品外贸政策的研究中，在中外比较的基础上得出更多有意义的结论。

韩媛媛

2020 年 6 月 30 日

目　录

图目
表录

第1章
导　论

1.1　问题的提出

早在 20 世纪 90 年代后期，随着中国加入世界贸易组织谈判进程的加快，农产品外贸政策的调整和改革就逐渐成为政府和学术界的共同关注点；2001 年中国加入世界贸易组织之后，履行农产品贸易方面的承诺成为中国义不容辞的义务，由此导致的大规模政策调整使农产品外贸政策受到的关注愈加强烈，入世后中国农产品外贸政策存在哪些问题、该如何在国际规则范围内针对该问题进行政策调整成为政府、学术界和利益相关者关注的焦点之一。虽然存在广泛关注，但是这些来自国内社会各界的关注多数是以中国加入世界贸易组织前后农产品市场的开放为着眼点的。在讨论中国农产品外贸政策对农业保护力度不足等问题的成因时，也多限于从 20 世纪 90 年代后期以来的经济环境变化中去寻求答案。被关注的时间范围局限于近期与当前，也许是所有之前不受关注而后来受到广泛关注的政策都会遇到的问题，我们应该努力避免这种情况发生。实际上，无论在新中国经济刚刚实现了初步恢复与发展的 20 世纪 50 年代初期，在改革开放后经济发展战略发生转变的 20 世纪 80 年代，还是在加入世界贸易组织之后的 21 世纪，农产品外贸政策的调整与改革始终都是中国经济发展过程中一个绕不开的问题，不被关注不代表无足轻重。要全面了解一个政策的现存问题和把握其未来的改革方向，必须将该政策的来龙去脉了解清楚，将该政策与整个经济发展的过程联系起来考察。就研究中国农产品外贸政策而言，做到这一点同样重要，这就给我们提出了两个要求：第一，全面把握新中国成立以来农产品外贸政策的历史演变过程；第二，结合新中国经济发展过程来解析农产品外贸政策现存问题的成因及探讨解决之道。由于工业化建设是新中国经济发展的主旋律，所以这个要求就转化为结合工业化进程来研究农产品外贸政策现存问题的成因及解决之道。这两个要求所至之处，正是本书要研究的重点。

1.2 国内外研究现状

长期以来，学术界对农产品外贸政策的研究，基本上是围绕农产品外贸政策是否具有保护性质来进行的。总体而言，研究角度主要有两个：国际贸易角度和发展经济学角度。在国外，从这两个角度出发的研究成果都比较丰硕，而国内这方面的研究则多从国际贸易角度入手。下文将就农产品外贸政策的国内研究情况和国外研究情况分别进行评述。

1.2.1　国外研究情况

国外关于农产品外贸政策的研究与争论由来已久。早在 19 世纪三四十年代，英国国内各阶层就围绕《谷物法》的存废问题展开了激烈的争论，当时，英国政治经济学家大卫·李嘉图以比较优势理论为依据，倡导废除《谷物法》而实行农产品自由进出口的政策。这个时期关于《谷物法》的争论，可以说是农产品外贸政策受社会各界尤其是理论界关注的源头。

进入 20 世纪以后，国外对农产品外贸政策的研究基本上选择以农产品贸易保护问题或农产品贸易自由化问题为核心。尤其是到了 20 世纪中后期，随着各国农产品贸易保护倾向的加强，农产品外贸政策逐渐成为国外经济研究领域的热点问题。从 20 世纪 60 年代欧洲共同体"共同农业政策"实行之日开始，围绕该政策以及美、日、欧等国家和地区因广设贸易壁垒而频频出现的农产品贸易摩擦问题，国际学术界展开了大规模的争论，以《富国的农业政策》（P. G. James，1971）、《农业政策分析》（H. G. Halcrow，1984）、《农业政策与世界市场》（A. F. Mccalla，1985）、《国际农业政策的政治经济》（G. Miller，1987）等专著为代表的研究成果大量涌现出来。这些研究成果已经不再局限于从国际贸易角度来研究农产品国际贸易问题，而是从各国国内农业发展中去寻找农产品贸易保护的成因，并普遍认为，各国保护国内农业发展的意图是农产品贸易领域屡屡爆发冲突的源头，要减少和杜绝这类贸易冲突，就必须从各国国内农业政策入手进行改革，只有这样才能有效地降低贸易保护水平，从而尽可能地避免贸易扭曲和降低福利损失。关于贸易保护带来的农产品贸易扭曲和福利损失问题，基姆·安德森和速水佑次郎

（1985）也曾经进行了详细的论述，并提出只有恢复农产品自由贸易制度才能实现福利最大化。总之，在农产品外贸政策的保护问题上，多数学者倾向于取消保护措施，实现农产品进出口自由化。

进入 20 世纪 90 年代，农产品贸易自由化逐步取得重大进展，随着长期游离于世界贸易组织多边贸易体制之外的农产品贸易在乌拉圭回合谈判中被纳入该体制，美、日、欧等许多发达国家和地区几乎同时进行了市场导向的农业政策调整。从这时开始，越来越多的学者将乌拉圭回合谈判内容和农产品贸易自由化的影响作为研究对象，前者以农业经济学家 William P. Avery（1993）、Timothy E. Josling 等（1996）对乌拉圭回合农产品贸易谈判的系统性考察为代表，后者以 Anderian Kay（1998）、Michael R. Redclift（1998）等关于贸易自由化给农业带来的影响的研究为代表。

2006 年 7 月多哈回合谈判惨淡冻结，之后又艰难重启，这一谈判的步履维艰预示着关于贸易自由与贸易保护的争论无论是在学术界还是在各国之间，都未曾停止过。农产品贸易作为国际贸易的重要组成部分，也一直处在争论的旋涡中。

下面来详细介绍国外农产品外贸政策国际贸易角度的研究情况。以是否具有保护性质为划分标准，国际贸易政策可以分为自由贸易政策和非自由贸易政策。自由贸易政策是理想化的中性政策，而非中性贸易政策即保护性贸易政策，根据其保护程度的不同又有正保护性和负保护性之分。不过，就理论的发展而言，贸易政策通常被划分为自由贸易政策和保护贸易政策（正保护）两大类。上文已经提到，关于自由贸易和保护贸易的争论由来已久，作为重要的国际贸易商品，农产品外贸政策的理论争论也体现着自由主义和保护主义两大对立观点的冲突。

1.2.1.1　农产品外贸政策——自由主义理论的发展

早在 18 世纪末 19 世纪初，法国经济学家布阿吉尔贝尔就在抨击法国禁止谷物输出和维持谷物低价的政策时，流露出农产品自由贸易的思想。当时，法国的资本主义尚处于起步阶段，国家为保护工商业者利益下令严禁谷物出口，这就导致国内谷物供给大于需求，谷物价格长期低于实际价值。布阿吉尔贝尔从维持谷物低价会影响工业发展的角度抨击了这种政策。他指出，禁止谷物出口、压低谷价的政策使农民收益锐减，再加上农业税赋的压榨，将使法国农民日益陷入贫困的境地，这又会导致农民购买工业品的能力下降，从而不利于工业市场的开拓和工业部门的持续性发展。这一来自布阿吉尔贝尔的自由贸易思想萌芽，为魁奈等法国重农学派学者所继承，其中，重农学派的重要代表人物魁奈就从维持"自然秩序"的意图出发极力提倡自由贸易。

在英国，经济学家对自由贸易政策的研究更为深入，见解也更具有理论价值。在"一只看不见的手"原理的基础上，亚当·斯密阐述了自由放任的经济政策主张，具体到对外贸易方面，就是反对政府进行外贸垄断和限制，倡导实行自由化的对外贸易政策。斯密指出，在遵循"绝对比较优势"原理的条件下，自由贸易将是有利可图的。他以谷物的进出口贸易为例，指出出口奖励措施会对谷物出口产生推动作用从而导致国内谷物"名义价格"提高，这将给国民带来额外的赋税——用作"奖金"的赋税和因谷物价格提高带来的隐形赋税，长此以往，将不利于人口（劳动力）增长并限制国内工业品市场的发展。因此，他主张谷物自由进出口，这样既有利于减轻国民税负也不会伤害谷物生产者的利益，而且还可以通过向第三国转售进口农产品而获得额外的收益。后来，在英国关于《谷物法》存废问题的激辩中，大卫·李嘉图发展了斯密关于国际贸易的比较优势理论，将比较优势原理从绝对比较优势扩展到相对比较优势。按照这个原理，李嘉图指出，由于英国在纺织品生产上占有比较优势地位而粮食生产不具备比较优势，所以英国应该大量进口粮食，而专门从事纺织品生产。

总的来看，古典经济学关于农产品自由贸易的观点基本上是以比较优势理论为基础的，而且往往以劳动力生产率作为中心来定义比较优势。如图 1-1 所示，假设 A、B 两国都能生产 C、D 两种产品，在运用 x 单位劳动力进行生产的情况下，A 国能生产 20 单位 C 产品和 10 单位 D 产品，而 B 国能生产 24 单位 C 产品和 16 单位 D 产品。可见，A 国在生产两种产品上都不具有绝对优势，但是，A 国生产一个单位的 C 产品需要的劳动力数量能够生产 1/2 单位的 D 产品，而 B 国生产一个单位的 C 产品则需要能够生产 2/3 单位 D 产品的劳动力，相对而言，A 国在 C 产品的生产上具有比较优势，应该专门生产 C 产品而进口 D 产品，相应地，B 国在 D 产品的生产上具有比较优势，应该生

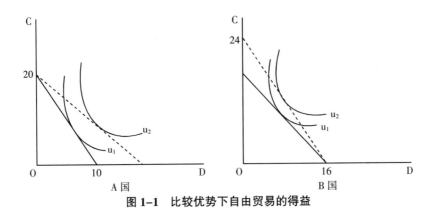

图1-1 比较优势下自由贸易的得益

产并出口 D 产品而进口 C 产品。这样，自由贸易使两国同时得益，预算线变动并与更高水平的无差异曲线相切，这表明消费者的效用水平提高了。

虽然比较优势理论存在诸如仅限于"两国模型"的讨论、未考虑劳动力以外的其他要素等缺陷，但是在促进农产品贸易自由化乃至整个国际贸易自由化方面，仍然功不可没。比较优势理论是后来 20 世纪的新古典贸易理论和新自由贸易理论的重要基础：在古典比较优势理论的基础上，以赫克歇尔和俄林命名的要素禀赋理论出现，该理论中要素种类已经扩展到劳动力和资本两种；新自由贸易理论的一个分支——因解释"列昂惕夫之谜"而产生的"新要素贸易理论"在讨论比较优势时，将人力资本、技术进步等要素也考虑在内，另外，比较优势的动态化研究也被列入新自由贸易理论的研究课题内。这些理论研究不以某一具体商品为研究对象，因而对包括农产品在内的许多商品的国际贸易问题的研究都具有普遍的指导意义。

1.2.1.2　农产品外贸政策——保护主义理论的发展

传统农产品贸易保护理论最大的特点是从农业作为人类社会衣食之源的考虑出发，将农业看作国民经济的基础，从这个意义上说，传统农产品贸易保护理论实际上就是农业基础论。农业基础论的典型代表理论是 20 世纪 50 年代由张培刚最初提出、后经库兹涅茨和苏布拉塔·加塔克加以发展的"农业要素贡献论"。除要素贡献论之外，农业基础论的主要分支还包括"产业制衡论"，其代表人物是纳克斯。产业制衡论与要素贡献论实际上并无根本区别，两者都极力突出工业化过程中农业贡献的重要作用，尤其是工业化初期农业要素转移对工业发展的重要性。

随着 20 世纪中后期世界贸易组织对农产品自由贸易的倡

导，对贸易保护的研究逐渐深入到农业的产业特殊性方面，农业的特殊性被冠以各种名称：弱质性、多功能性、正外部性、要素（土地）不可转移性、非贸易关注功能，等等。首先，农业弱质性理论一方面强调农业比其他产业要承担更多的自然风险，另一方面强调随着经济发展过程中工农业发展不平衡的加剧，农产品缺乏弹性的弱点会使农业逐渐失去相对于工业的比较利益。其次，农业保护的多功能性理论、正外部性理论和非贸易关注理论实际上是一致的。由于农业生产具有优化环境、保障粮食安全、促进农村人口就业和农民增收以及促进农村经济发展等多方面的功能，所以出口农产品的意义就不仅限于贸易得利，而由农业多方面的功能带来的收益就成为非贸易关注的目标。正外部性理论认为农业的多功能性使农业生产在多方面具有正外部性，从而导致农业生产者个人支付的生产成本高于社会成本而加重了生产者的负担，为此应采取农产品贸易保护措施来支持农业发展。图1-2展示的是农产品贸易保护政策对出口国的影响：在存在正外部性的情况下，一国的农产品私人供给曲线s位于社会供给曲线S之上，曲线s和农产品供给曲线D决定了价格p_d和产量Q_d。这时，农业生产正外部性的存在削弱了农民的生产积极性从而导致社会福利水平降低。如果实

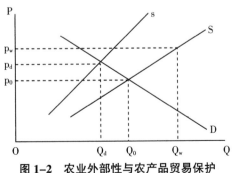

图1-2　农业外部性与农产品贸易保护

行出口保护政策，生产规模将扩大到 Q_w，这时农业正外部性的存在将会使生产规模扩大从而带来更多的社会福利。

在寻求理论支持的同时，关于农产品贸易保护问题的研究也开始注意到保护的适度性问题，例如，舒尔茨将发达国家因农业保护导致农业生产资源投入过多而引起的生产要素报酬下降问题称为"农业问题"，速水佑次郎称为"农业调整问题"。实际上，农产品贸易保护会给所有国家带来福利净损失。以关税保护的小国情形为例，如图 1-3 所示，自由贸易带来的社会福利为不规则四边形 ABFG 的面积，征收关税后，在本国生产者福利水平和关税收入水平提高的同时，本国消费者将遭受两个阴影面积大小的福利损失。可以看出，农产品贸易保护理论发展至现在，已经把贸易保护这种干预措施看作农产品市场失灵的解决途径。在这种思想的指引下，许多国家将政府干预看作解决农产品市场失灵问题的唯一途径，而过度保护本国的农产品贸易。确定一个适度的农产品贸易保护水平，始终是国际学术界和各国政府努力的方向。

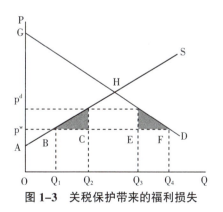

图 1-3 关税保护带来的福利损失

在理论讨论的基础上，一些学者批判了农产品贸易自由化的思想，指出了贸易自由化会导致发展中国家福利损失。例如，

Biswajit Dhar（2007）从贸易理论的有关文献出发，对农产品贸易自由化的理论基础进行了批判，还探讨了发展中国家进行"战略性"干预的必要性，并讨论了这些措施与保护主义政策的区别。实际上，基于农业基础论的农产品贸易保护必要性分析和农产品贸易保护适度性的讨论，不可避免地会联系在一起。Jeroen Klomp等（2018）讨论了农业在遭受自然灾害的背景下加强贸易保护的情况。他们利用来自76个国家的数据来探讨自然灾害对农业保护程度的影响，发现自然灾害通常会提高农业贸易管制力度以利于国内农民，这些壁垒主要是在自然灾害发生后限制进口；然而，各国的保护模式各不相同，洪水和风暴增加了高收入国家的农业保护，而许多最不发达国家在极端干旱期间减少了贸易壁垒，以减少粮食短缺。研究结果还表明，自然灾害造成的农业保护政策变化，很大程度上要归因于农产品的特殊性（粮食与经济作物）。J. Alexander Nuetah等（2017）分析了农业贸易自由化对撒哈拉以南非洲地区的潜在影响，结果表明，撒哈拉以南非洲地区进口的所有商品的世界市场价格预计将上涨，而该区域主要出口商品的价格将下降或保持不变；鉴于主要粮食商品的价格预计将上涨，粮食净进口国的进口账单将增加，从而导致福利损失。

　　总的来看，国外对农产品外贸政策问题的研究具有以下三个特点：第一，国际贸易学和发展经济学是研究农产品外贸政策的两个主要领域，而且两个领域的研究呈逐渐融合趋势。第二，在是否应该实行保护政策的问题上，多数学者以贸易保护政策会引起贸易扭曲和带来福利损失为由，倾向于取消农产品贸易保护政策、逐渐实现农产品贸易自由化。第三，多数学者从发达国家的角度来研究农产品贸易政策，以发展中国家为对象的考察相对较少，更无力解释农业落后的发展中国家农产品贸易呈负保护状态，而农业生产水平高的发达国家农产品贸易保护程度反而比较高这一现实中的"悖论"。

1.2.2　国内研究情况

中国国内对农产品外贸政策的研究起步比较晚，大约在 20世纪 80 年代学术界才开始关注这个问题。目前，有关农产品外贸政策的研究可以按国别分为中国农产品外贸政策研究和外国农产品外贸政策研究两大类，后者也包括在介绍外国政策的基础上对中外政策进行的比较研究。其中，关于中国农产品贸易政策的研究，无论是主张贸易保护还是贸易自由化，是探讨加入世界贸易组织的应对之策还是意在保护生态环境，大多遵循着一个共同的原则——比较优势原则，这说明国内农产品外贸政策的研究多局限于从国际贸易角度进行探索，与经济发展阶段尤其是工业化发展阶段的联系还远远不够。

1.2.2.1　有关中国农产品外贸政策的研究

关于中国农产品外贸政策的研究，改革开放前基本没有学者涉足。从研究的时间范围来看，基本集中在 1978 年改革开放后至今的时间段内，尤其是从中国加入世界贸易组织前后至今的这段时间。与时间范围相一致，相当一部分研究以中国加入世界贸易组织为切入点，讨论加入世界贸易组织后中国农产品外贸政策应如何改革以与世界贸易组织规则接轨；讨论农产品外贸政策是否应该倾向于保护主义的研究成果也很多；也有少数研究者从其他比较新颖的角度来研究农产品外贸政策，例如，引入"虚拟水""虚拟耕地"等概念来重新认识中国的要素禀赋，从而为分析和研究农产品国际贸易问题提供了一种新思路。另外，介绍外国农产品外贸政策和进行中外政策比较研究的文献也不少。总的来看，多数研究是从国际贸易角度入手的，立足于经济发展理论的研究则鲜见。这里从以下三个方面进行介绍：

第一，关于农产品贸易保护与否的争论。有关中国农产品外贸政策的争论，焦点是中国是否该实行农产品贸易保护政策。20世纪90年代以来，国内学术界在农产品对外贸易保护与否的问题上是存在异议的，不过，多数学者认为中国应当对农产品进行贸易保护，如中国农大经济管理学院课题组（1999）运用世界贸易分析模型（GTAP）对中国农产品外贸政策的各种选择进行了模拟分析，认为降低保护水平、扩大农产品市场开放度将是中国的最佳选择。蔡昉（1993，1994）、林毅夫（2003）等少数学者倾向于农产品自由贸易政策，如蔡昉（1993）认为农业保护政策一方面会因扭曲贸易而带来福利损失，另一方面也无助于农民收入的增加，所以中国应选择自由化农产品贸易政策作为替代政策，以发挥比较优势和获得更多福利。在中国加入世界贸易组织前后，理论界对农产品贸易保护问题的看法逐渐趋向一致，即在国际规则允许的范围内，尽可能地对农产品贸易予以支持和保护。后来，讨论的焦点又转移到了开放农产品市场的影响和如何改革以适应世界贸易组织规则的问题上。仇景万（2018）对多哈回合农业谈判在国内农业进口关税削减方面进行了模拟分析，其主要研究结论为：在多哈回合农业策略上，由于多哈回合农业谈判在农产品进口关税的削减上分歧严重，发展中国家寄希望于发达国家大幅度削减国内进口关税从而获得发达国家农业市场的目标很难实现。他还提出了中国在多哈回合农业谈判方面的策略，同时结合中国农业发展的具体国情及生产现状，提出了中国农业补贴政策的改革建议。

第二，入世影响与履行承诺问题。中国加入世界贸易组织前后，学术界研究农产品外贸政策的成果大批涌现，其中，部分学者专注于研究中国农产品外贸政策的调整问题，如孙晓红（2002）建议中国农产品外贸政策应改变以价格干预和非关税壁垒等为主要政策工具的保护状态，积极履行入世承诺；裴孟荣、王万山和袁飞（2003）在分析中国农产品外贸实绩和开放农产品市场的影响基础上，提出中国农产品外贸政策应当摒弃适应相对封闭经济环境的传统政府干预型政策体系，逐步建立新的管理服务型政策体系。入世过渡期趋于结束之际，在农产品出口不畅和进口压力增大的情况下，研究农产品贸易所受冲击和对策的文献日渐增多。农产品贸易所受冲击方面，程国强等（2005）评估了多哈谈判对中国农产品贸易的影响，并指出了中国在农产品关税谈判中的劣势及面临的关税减让压力。政策调整方面，学术界基本达成了充分利用《农业协议》政策空间进行保护的共识，如詹晶（2006）提出了政策改革的一系列具体规则，李伟杰、李传健（2007）指出了充分利用"绿箱政策""黄箱政策"空间的重要性。吴国松、朱晶（2014）利用1995~2011年数据系统测算了加入世界贸易组织十年中国农业贸易政策组合调整的分类农产品和农产品整体效果，并运用多种指标构建了中国农业比较优势变动的科学评价体系，其研究结果表明：加入世界贸易组织十年后中国农业贸易政策限制效果显著降低，现有农业贸易政策组合可以形成合理、有效的保护；不同农产品比较优势变化明显，中国农业生产贸易格局基本上遵循了比较优势原则；今后在挖掘和提升中国农业生产贸易整体的比较优势时，依据变动中的比较优势对不同种类农产品应当有不同的侧重点。另外，魏素豪（2019）分析了中国国际农产品贸易的特征及对中国农产品供给与农业发展的影响，总结了入世以来中国农产品贸易变化的趋势和特征（中国农产品净进口量不断增加、由净出口国转为净进口国、主要农产品生产成本快速上涨、农产品国际竞争力下降），进而提出了参与农产品国际贸易的对策建议，即贸易上"以工补农"，略微牺牲较强的工业产品贸易，补贴较弱的农产品贸易；嵌入全球农产品价值链高端位置，包括农机、化肥、农药、种子等产前部门，农产品加工、流通等产后部门，提高市场控制力；谋求国内支持计算规则体系的中国化。

第三，基于生态资源禀赋和可持续发展角度的研究。这是一类角度比较新颖的研究，其中，基于生态资源禀赋角度的研究，主张在制定农产品外贸政策时，以水资源、土地等生态资源禀赋为依据，制定有利于资源低耗型产品出口而限制资源高耗型产品出口的政策，实际上遵循了比较优势原则。例如，刘波（2009）在分析农产品虚拟水要素禀赋的基础上，提出了体现水资源比较优势的虚拟水战略，在此基础上倡导扩大节水型农产品的出口。赵姚阳、杨炬烽（2010）分析了中国的虚拟耕地交易状况，建议鼓励虚拟耕地含量较低的农产品即土地集约型农产品的出口，并加大对非土地集约型农产品的进口替代力度。马进（2017）研究了我国农产品贸易与农业环境的双向影响机制，认为环境改善和恶化分别会对贸易发展起到促进和抑制作用，并提出应该用价格调节手段来促进农业环境外部效应的内部化。乔长涛等（2019）研究发现，除传统二元层面资源禀赋差异外，来自体系层面的结构差异通过替代效应和分层效应对农产品贸易产生了显著影响：结构对等性的存在削弱了农产品贸易对传统资源禀赋的依赖；角色对等性解释了资源禀赋差异对贸易核心国和非核心国的影响存在显著差异。具体而言，与结构相似性水平高的国家开展农产品贸易，能在相当程度上缓解资本和土地等资源禀赋的约束作用；与处于世界体系不同位置上的国家开展农产品贸易，资本禀赋差异对非核心贸易伙伴国的农产品贸易的抑制作用显著大于核心国，而土地禀赋差异的影响则相反，对核心国的影响大于非核心国。曹冲等（2019）研究了中国主要农产品贸易中隐含的虚拟耕地资源"尾效"对中国农业经济增长的约束和促进作用，证实了中国属于主要农产品贸易中隐含的虚拟耕地资源净进口较大的国家，并提出了制定符合国情的耕地资源战略、试点实施虚拟耕地资源战略、创新耕地资源管理体制等相关建议。

近年来，基于可持续发展理念的研究层出不穷。周勇、赵悦（2014）在分析日本绿色贸易措施设立的原因、特点以及绿色贸易措施给中国农产品出口带来的负面冲击的基础上，指出中国应从提高农产品质量、完善技术标准和检测标准、强化服务、加强人才建设等方面提高农产品的出口竞争力。周其文（2020）指出，应以绿色发展理念来指导我国农产品贸易发展，改善农产品贸易结构和提升农产品贸易竞争力。

1.2.2.2 介绍外国农产品外贸政策的文献

介绍国外农产品外贸政策的文献多以发达国家为研究对象，尤其是美、日和西欧等农产品贸易大国或地区。研究成果主要有两类：第一类，以发达国家农产品贸易政策改革为研究对象。如李秉龙、乔娟（2000）介绍了 20 世纪 90 年代以来美、日、欧等国家和地区农产品外贸政策的改革情况，指出虽然这些改革以市场化、自由化为导向，但并没有改变政策原有的农业保护主义本质。王德文（1993）、赵放和陈阵（2009）、赵春舒

（2018）研究了日本的政策；王德文（1993）从原因、措施和成效方面探讨了日本的农产品贸易保护政策；赵放和陈阵（2009）认为日本长期以来对农产品贸易的保护既不利于国内经济结构的调整、加重了人民的饮食支出负担，也不利于开展对外经济合作。赵春舒（2018）研究了日本的技术性贸易壁垒，指出该政策短期内对其农产品进口产生了不利影响，但长期却可能产生有利影响；短期内对出口有促进作用，长期来看却是阻碍作用；主要影响的是日本与发展中国家之间的农产品贸易，对日本与发达国家之间的贸易没有显著影响。徐轶博（2017）考察了美国农业支持政策的发展历程，发现美国农业支持政策将会以农业保险为主导、重视绿箱政策适用以及注重农业持续发展为发展趋势。

第二类，介绍发达国家的农产品外贸政策的具体措施和政策体系，以供中国借鉴。如于孔燕（2007）总结了主要农业国家普遍运用的农产品贸易促进措施；朱颖、李艳洁（2007）从关税税率、国内支持和出口补贴三个方面将美国的政策与欧盟、日本的政策进行了比较，得出了美国的农产品贸易保护程度并不高的结论；贾杉（2012）研究了美国对中国的贸易壁垒，指出为应对美国的贸易壁垒，中国需要调整农产品结构，完善四联动机制，并积极利用 WTO 相关规则解决贸易争端；张军等（2016）研究了欧盟的贸易政策取向，从积极推进中欧自贸区的建设、改进出口农产品品质、完善相关的法律法规、实施市场多元化战略等角度提出了应对措施。王厚双、黄金宇（2017）研究了日本贸易自由化进程中的主要障碍——农产品贸易高度保护政策，认为该政策虽然有利于保障农业安全、稳定农产品市场、增加农民收入，但也存在阻碍农业发展、妨碍农产品贸易、造成消费者福利损失的消极影响，只有不断地提高农产品国际竞争力，转变农业生产经营机制，调整农业保护政策，才能促进日本农业经济长期发展。

以发展中国家为研究对象的成果比较少，其中又以对印度、巴西和墨西哥等少数几个国家的研究居多。宗义湘、王俊芹和刘晓东（2007）从粮食政策、农业信贷支持、政府一般性服务和农业税等方面介绍了印度农业的国内支持政策；刘志雄、董运来、耿建（2008）分析了自 1991 年以来印度农产品外贸政策改革的问题和前景。耿晔强和马海刚（2007）、李飞和孙东升（2007）分别考察了巴西的农产品外贸政策演变历程和巴西的农业支持政策，以资中国借鉴。何树全（2008）研究了加入北美自由贸易区对墨西哥农产品贸易和农业发展的各种影响。盛浩（2017）研究了印度的新贸易政策，认为发展中国家的贸易政策应当重视出口对国内经济活动的积极影响，同时贸易政策需要与国内其他经济政策相互配合，才能产生促进长期经济增长的效果。特木钦（2017）比较研究了政治经济学视域下的农产品贸易保护制度并指出该制度并未退出历史舞台，因此，对于发展中国家特别是人口大国和粮食净出口的国家而言，不能轻易承诺进行贸易自由化。

另外，还有研究者对中外农产品外贸政策进行了比较研究。如庄丽娟、王林（1995）从政策目标、措施和效果方面比较了中国与发达国家农产品外贸政策，指出了中国农产品贸易保护手段的单一问题和保护水平偏低的问题。又如，许天娇（2016）比较了中英两国农产品贸易市场准入政策，提出了中国应该从优化进口关税结构、整合相关非关税措施和推动关税减让政策等方面来借鉴英国经验的建议。王禹等（2017）从金砖国家农业政策发展目标、农业生产支持政策和农产品贸易政策三个方面，详细比较解析了巴西、俄罗斯、印度、中国和南非的农业支持政策的异同及成因，为中国农业发展政策的制定提供了参考。

与国外的研究相比，中国在农产品外贸政策领域的研究尚不深入，偏重于从国际贸易方面研究中国的农产品外贸政策问题，或者限于介绍国外经验。在中国农产品外贸政策的研究方面，研究的时间范围集中于中国实行对外开放政策之后的时段，而对对外开放之前的时段探讨得太少，这样就谈不上系统考察新中国成立以来的农产品外贸政策演变。另外，对中国农产品外贸政策的研究也缺乏与经济发展过程尤其是工业化进程相联系的考量。工业化是生产要素在农业与工业之间，或者是生产要素在农业和非农产业之间的动态再配置过程，在这个过程初期，为了支持工业的发展，农业通常处于受"挤压"的地位，农产品外贸政策也往往呈现出不同程度的扭曲，而随着工业化向更高阶段的推进，农产品外贸政策又不断随之发生变化。以往的研究在工业化对农产品外贸政策的影响方面明显探究不足，因此，如何从理论上剥离出工业化对农产品外贸政策的影响模式，进而厘清随着工业化的推进，在工业化目标、条件和战略不断变化的过程中农产品外贸政策如何演变，就成为一个新的课题。总之，选择新的切入角度，将改革开放前的农产品外贸政策演变纳入研究范围，是今后农产品外贸政策研究的重要任务。

1.3 研究目的与研究意义

1.3.1 研究目的

本书主要研究目的包括以下三个方面：

第一，对中国农产品外贸政策进行长时段的历史考察。不因循以往将研究的时间范围局限于中国加入世界贸易组织前后这个时间段的做法，而是将考察的时间上限扩展至新中国成立初期，从而使人们对新中国成立以来尤其是中国工业化启动以来农产品外贸政策的历史沿革情况具有一个全面性、整体性的认识，这是本书首要的研究目的。

第二，将农产品外贸政策放在中国工业化推进的大背景下进行考察，全面考虑影响农产品外贸政策演变的国内经济动因与国外冲击因素，以避免仅从国际贸易角度考察所受到的限制；在相关理论的基础上，提炼出工业化影响农产品外贸政策的路径或模式，用于指导每一阶段农产品外贸政策的研究和农产品外贸政策演变全程的研究，也可以这样理解，提出了一种新的研究农产品外贸政策的思路，即工业化影响下农产品外贸政策如何演变的思路。

第三，在考察中国工业化以来农产品外贸政策演变全程的基础上，归结并剖析出政策演变的总体特征或存在的问题；对于整个演变过程中存在的问题，进一步指出其与农产品外贸政策各阶段存在的问题之间的联系，并针对问题进行评析或提出建议。

1.3.2 研究意义

与研究目的相对应，本书的研究意义大致分为以下三点：

第一，与多数局限于中国加入世界贸易组织前后农产品外贸政策的研究相比，将对农产品外贸政策考察的时间范围上限扩展至新中国成立初期或者说中国工业化启动之际。长时段的系统性考察，一方面有助于发现该政策整体的演变特征，另一方面有助于从历史的视角去解析该政策当前的缺陷并提出根治的建议。

第二，提出了从工业化对农产品外贸政策的影响方面考察该政策的演变度，将工业化对农产品外贸政策的影响分化到两条影响路径中去，既充分考虑到了国内经济发展阶段、目标与战略对该政策的影响，又涉及了国际因素对该政策的影响。从这样比较全面的角度去研究，对于清晰阐释中国农产品外贸政策的演变助益匪浅。

第三，在长时段考察的基础上归结出中国农产品外贸政策演变的总体特征并指出存在的问题，有别于短期性考察得出的结论。另外，长时段的考察有助于将农产品外贸政策演变过程中显现出的阶段性问题联系到一起，以揭示出这些问题共同的深层次原因。

1.4 主要研究内容、组织框架与研究方法

本书立足于发展经济学相关理论，指出了工业化影响农产品外贸政策的两条路径，从两条路径的角度出发，对不同工业化阶段的中国农产品外贸政策进行了考察，进而揭示出中国农产品外贸政策演变的总体特征或问题，并提出了相关建议。论文共包括 7 章内容，具体安排如下：

第 1 章为导论，在解释问题的由来及评述国内外研究现状的基础上，阐明了论文的研究目的和研究意义，对主要研究内容和组织体系进行了一个大致的介绍，并指出了创新之处与不足之处。

第 2 章在阐释农产品外贸政策概念的基础上，将其分为国内政策和边境政策两大部分；继而考察了工业化影响农产品外贸政策的现象，并解析了工业化影响农产品外贸政策的两个途径——产业结构政策路径和贸易政策路径——的由来；最后对中国农产品外贸政策的历史分期进行了说明。

第 3、4、5 章根据中国工业化阶段的变化将农产品外贸政策的演变历程分为三个时段来考察，分别是 20 世纪 50 年代到 80 年代中期、20 世纪 80 年代中期到 2001 年中国加入世界贸易组织之际和加入世界贸易组织之后的时段。每一章对农产品外贸政策的研究都循着以下的思路进行：首先，考察该阶段工业化所处的阶段、工业化战略的选择及工业化战略约束下的农业农村政策和外贸政策的演变，着重分析这些政策变化对农产品

外贸政策造成影响的方面；其次，考察受到影响的农产品外贸政策在政策目标和具体政策措施上发生了哪些变化；最后，就每一阶段农产品外贸政策调整的绩效、存在的问题等进行评析。这三章内容，实际上是从工业化影响农产品外贸政策两条路径的角度对中国农产品外贸政策从工业化初期到工业化中期的演变历程进行了一次分阶段的考察。

第 6 章在第 3、4、5 章分三阶段分析的基础上提炼出了中国工业化启动以来农产品外贸政策演变的三个特征，并就如何正视这些特征或者解决与某些特征相关的问题提出了建议。

第 7 章是对工业化中期之后中国农产品外贸政策的展望及本书的结论。首先根据工业化国家的历史经验和有关理论对中国农产品外贸政策的未来进行了预测，然后对本书做了一个总结，列出了主要观点和研究结论，并指出了今后应从哪些方面进行进一步的研究。

以上研究内容的组织思路可以由图 1-4 更为直观地表述出来。

本书的主要研究方法是抽象方法与演绎方法。在考察工业化推进过程中工业化战略及发展目标的变化及农产品外贸政策在工业化进程中的作用的基础上，从工业化与农产品外贸政策的相互关系中抽象出工业化影响农产品外贸政策的两条路径，之后，在分析中国工业化进程中的农产品外贸政策演变时，将两条路径的思路运用到对每一阶段农产品外贸政策的分析过程中。本书研究方法的一个特点，也是一个不足，就是以定性分析方法为主，缺乏定量分析方法，只是在必要时直接参考了他人利用统计学、计量经济学等数量分析方法研究的结果，由于他人的研究与本书的需要契合度有限，致使本书某些部分缺乏充足的数据支持。除此之外，本书虽然没有大规模地进行国际

农产品外贸政策的比较，但是也在研究所需之处局部地运用了
比较分析的方法以便于对中国的情况进行判断。

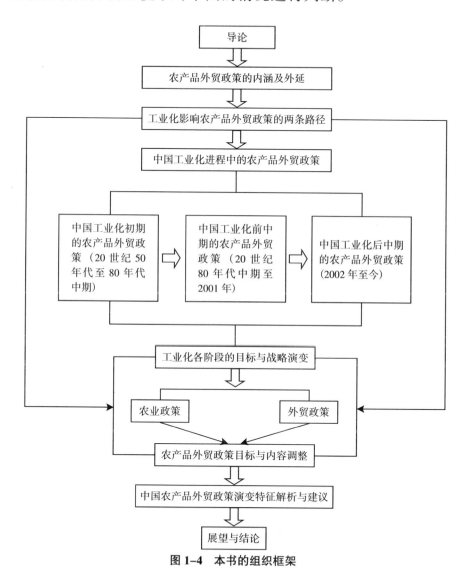

图 1-4　本书的组织框架

1.5 创新与不足

1.5.1 创新之处

本书的创新之处主要表现在以下三个方面:

第一,与现有研究中国农产品外贸政策的文献相比,本书的特色主要体现在研究角度方面。与多数从国际贸易角度出发的研究相区别,本书将从工业化影响农产品外贸政策的角度来阐释农产品外贸政策的演变。迄今为止,国内绝大多数研究者都是从国际贸易的角度入手来探讨中国农产品外贸政策改革的,大多数研究成果局限于探讨国际贸易环境和农产品竞争优势等因素对农产品外贸政策的影响,尤其热衷于研究中国加入世界贸易组织导致的政策调整及调整的效果,而对国内工业化的影响关注不足。实际上,国际贸易环境的变化仅仅是工业化背景的一个方面,农产品国际竞争力的变化也不过是工业化进程中农业发展的表现之一,农产品外贸政策演变的深层原因并不在于此。因此,本书力图在更根本的层面上研究农产品外贸政策问题,以发展经济学相关理论为理论依据,从工业化影响农产品外贸政策的角度来考察该政策演变的过程和特征。这有别于国际贸易领域的研究。

第二,本书提出了工业化影响农产品外贸政策的两条路径,为关于农产品外贸政策演变的研究提供了一个新的切入点。从工业化与农产品外贸政策的相互关系中抽象出的工业化影响农产品外贸政策的两条路径，既可以用于农产品外贸政策某个阶段的研究，也可以用于农产品外贸政策整体演变过程的研究。两条路径、两个角度的考察，将使我们对农产品外贸政策的演变及其现存问题的成因理解得更为彻底。

第三，本书对农产品外贸政策演变的考察涉及的时间段比较长，与其他多数研究是有区别的。目前，多数有关中国农产品外贸政策的研究将时间范围锁定在 20 世纪 80 年代至今，尤其是集中于 2001 年中国加入世界贸易组织前后这段时间，而缺乏长时段的全局性考察。鉴于此，本书将研究的时间范围扩展为上至新中国启动工业化的 20 世纪 50 年代、下至工业化向更高阶段发展的 21 世纪，从而将多数研究不涉及的改革开放之前的时段也纳入了研究范围。

1.5.2 不足之处

由于自身理论基础的薄弱和成文的仓促，本书尚存在缺陷和不足：

第一，对工业化影响农产品外贸政策的机理挖掘不足。本书虽然指出了工业化影响农产品外贸政策的两条路径，但是对两条路径形成机制的阐释力度不足，对两条路径之间关系的理论认识也只停留在比较浅显的层面，这一理论方面的不足还有待于以后深入研究时予以弥补。

第二，受篇幅限制，本书并没有将外国的情况纳入研究中，而如果从工业化影响农产品外贸政策的两条路径的角度同时考察中国和外国的情况，可能会在中外比较研究的基础上得出许多有意义的结论。

第三，研究方法的不足。在当今的经济学研究领域，统计学、计量经济学等定量方法已经变得越来越重要，经济学理论的发展越来越离不开先进分析工具的支持。然而，由于数理基础的薄弱和软件操作的生疏，本书选择以定性方法为主要研究方法，在需要数理分析方法的时候，尽量引用他人实证研究的数据。由于他人的研究与本书的需要契合度有限，难免使本书某些部分缺乏充足的数据支持。

第四，有关工业化初期农产品外贸政策的资料不足。史料翔实是判定经济史研究水平的一个重要指标，由于时间仓促和资料可获得性有限，本书在资料方面还有很多欠缺之处，尤其是有关改革开放之前农产品外贸政策的资料引证有限，当然，这里部分原因在于这一时期的许多档案资料尚未解密从而可得资料为数不多。

第 2 章
农产品外贸政策与工业化影响农产品外贸政策的路径

本章首先对农产品外贸政策进行了定义并将其划分为国内政策和边境政策两大部分；其次在经验考察的基础上得出工业化影响农产品外贸政策的结论，并结合有关理论分析了影响路径的由来；最后对中国农产品外贸政策的历史分期进行了说明。

2.1 农产品外贸政策的内涵与外延

2.1.1 关于外贸政策及农业政策的界定

政策是一定时期内某一政府为实现特定目标而制定的一系列行动规则的总称，内容上包括政策主体、政策目标、政策对象和政策工具四个要素，其中，政策目标和政策工具两要素最为重要。政策概念的界定往往是模糊不清的，在许多情况下，政策通常成为政策工具的代名词，就经济学文献中的"政策"而言，多是指代政策工具这个要素。关于外贸政策，国际贸易学中多将其划分为总政策、商品和服务政策以及国别政策三个层次。日本经济学家小岛清曾力图从两个层面界定外贸政策：第一，广义的外贸政策，包括一切直接或间接影响对外贸易的宏观或微观经济政策；第二，狭义的外贸政策，仅指直接影响对外贸易的政策，也可以理解为边境措施。[①] 本质上，一国的外贸政策是该国进行国际贸易活动的一系列利益分配规则。以各产业及其产品为标准进行划分，可以分为农产品外贸政策、工业产品外贸政策等；以政策是否保护本国某些特定产业而言，可以分为中性外贸政策和非中性外贸政策（保护性外贸政策和负保护性外贸政策）；还可以分为边境政策（关税政策和非关税政策）和非边境政策；等等。"农业政策是政府为了实现一定的社会、经济及农业发展目标，对农业发展过程中的重要方面及环节所采取的一系列有计划的措施和行动的总称。"[②] 在本书中，政策工具意义上的"农业政策"是一个包括农业组织政策、农业结构政策（生产结构政策和区域结构政策）、农业土地政策、农村劳动力政策、农业科技政策、农业流通政策（农产品市场和价格政策）、农业和农村金融政策以及农村环境与可持续发展政策等直接影响农业发展的政策的综合体系，其实际上是实现产业结构政策的一个工具。

2.1.2 农产品外贸政策

农产品是农业初级产品的简称，包括动植物、微生物及其产品，一般是指不经过加工的产品（经过冷冻、烘干等为保存

---

① ［日］小岛清：《对外贸易论》，南开大学出版社1984年版，第276~277页。
② 钟甫宁主编：《农业政策学》，中国农业大学出版社2000年版，第6页。

产品而必须进行的加工程序的产品通常也算作农产品）。农产品
是种植业、林业、畜牧业和渔业等农业部门的生产活动所得的
简称，包括粮油作物、烟叶、毛茶、水果、蔬菜和林业产品等
植物类产品以及和家禽家畜、水产品等动物类产品以及其他来
自于这几个农业部门的初级产品。关于农产品外贸政策，许多
研究者认为，农产品外贸政策并不仅限于外贸政策中有关农产
品贸易的措施，其范围还更广，例如，程国强（1996）在论述
中国农产品外贸政策调整时，提出一国的农产品外贸政策主要
包括边境措施（贸易政策）和国内农业支持政策。① 在世界贸易
组织乌拉圭回合签订的《农业协议》中，农产品外贸政策则包括
农产品市场准入政策、国内支持政策、出口竞争政策（出口补
贴）三部分。程国强和世界贸易组织对农产品外贸政策的定义
虽是从农业保护角度出发的从而难免偏颇，但对我们界定农产
品贸易政策仍然具有一定的指导作用。从上文对农业政策和外
贸政策的界定来看，广义的农产品外贸政策属于农业政策和广
义的外贸政策的交叉部分，是影响农产品进出口贸易的规则，
需要注意的是，这里的农产品外贸政策并不是农业政策和外贸
政策的全部相交部分，如图 2-1 所示。狭义的农产品外贸政策
是外贸政策中有关农产品贸易的部分，是农业政策和狭义的外
贸政策的交叉部分，如图 2-2 所示。

从内容来看，广义的农产品外贸政策不仅包括直接影响农
产品进出口的边境措施（狭义的农产品外贸政策），还包括国内
农业政策中影响农产品进出口贸易的部分。前者包括有关农产

① 程国强：《论世界贸易组织框架下中国农业与贸易政策的调整》，《农业经济问题》1996 年第
6 期。

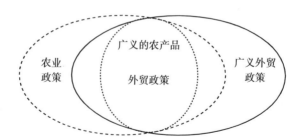

图 2-1　广义农产品外贸政策与农业政策、外贸政策的关系

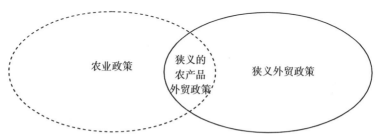

图 2-2　狭义农产品外贸政策与农业政策、外贸政策的关系

品的关税政策和非关税政策以及贸易补贴等贸易促进措施：关税政策按商品或劳务流动方向又可分为进口关税政策和出口关税政策；非关税政策内容比较繁杂，包括进口配额政策、进口许可证政策等一系列政策工具，这些政策工具基本上可以划分为数量限制政策和非数量限制政策两大类别。

　　国内农业政策中影响农产品进出口贸易的部分几乎涉及农业政策的全部内容，大致可以划分为三类：第一，农产品生产政策，即有关农产品生产要素投入、组织管理和生产结构等方面的政策，主要包括农业土地政策、农村劳动力政策、农业科技政策、农业组织政策、农业结构政策（生产结构政策和区域结构政策）、农业流通政策中的生产资料流通政策部分以及农业和农村金融政策中有关农业生产的部分等；第二，农产品流通政策，包括国内农产品购销体制和农产品价格政策等；第三，有关农业发展的其他政策。农产品政策范围和层次如图 2-3 所示。

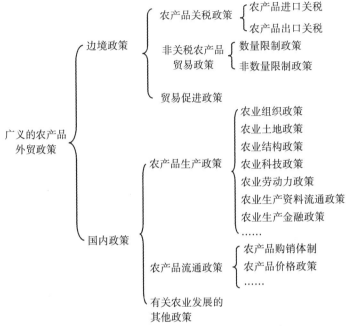

图 2-3　广义农产品外贸政策的范围和层次

2.2　工业化影响农产品外贸政策的经验考察

　　工业化的推进会对农产品外贸政策产生影响，这一点可以从现已完成工业化的国家历史经验来看。以当今的发达国家为考察对象，会发现其工业化进程中农产品外贸政策会随着工业化阶段的转换而发生变化。这里先解释一下本书关于工业化阶段的划分。许多经济学家都对工业化阶段进行过划分，形成了如 "霍夫曼比例"、罗斯托 "经济发展的五个阶段" 等理论成果。[①] 本书参照库兹涅茨的划分方法来划分工业化阶段。在研究各国的经济增长时，库兹涅茨曾将 57 个处于不同工业化阶段的国家按照产业结构的差异分成了 8 组，如表 2-1 所示，这也可以看作按照产业结构对工业化阶段的划分。参照库兹涅茨的划分方法，我们根据工业化过程中产业变化特征主要是工农业比例变化特征和要素供给状况的变化，将工业化过程划分为三个阶段：第一，农业主导阶段，农业占国民经济的比重远远高于工业，农业贡献对工业发展乃至工业化的推进十分重要；第二，工农业持平阶段，工农业比重缩小，工业自我积累能力提高，一国能从工业部门获得相当数量的工业化所需要素；第三，工业主导阶段，工业比重高于农业，工业的发展基本靠自我积累。在明确了工业化的三个阶段之后，我们以美国和日本为例来看，发达国家工业化推进过程中农产品外贸政策的情况。之所以选取这两个国家是因为它们都属于发达国家中后起的工业化国家，在工业化过程中国家政策干预比先发工业化国家要强，因而易于观察政策的变化，且它们的情况与目前中国在内的多数发展

表 2-1　库兹涅茨关于 8 个工业化阶段的三大产业份额

产业 ＼ 阶段	1	2	3	4	5	6	7	8
第一产业	53.6	44.6	37.9	32.3	22.5	17.4	11.8	9.2
第二产业	18.5	22.4	24.6	29.4	35.2	39.5	52.9	50.2
第三产业	27.9	33.0	37.5	38.3	42.3	43.1	35.3	40.6

资料来源：［美］西蒙·库兹涅茨：《各国的经济增长》，商务印书馆 1999 年版，第 127~128 页。

[①] 霍夫曼曾以消费资料工业净产值占生产资料工业净产值的比例，即"霍夫曼比例"的大小将工业化过程分为四个阶段，这几个比例分别为 5（±1）、2.5（±1）、1.5（±0.5）和小于 1。罗斯托的经济增长阶段包括传统社会阶段、创造起飞前提条件阶段（过渡阶段）、起飞阶段、走向成熟阶段和大众高消费阶段，实际上罗斯托还讨论了大众高消费以后的阶段，也可以说罗斯托的经济增长阶段有六个。

中国家的情况有着相同之处。

美国用了一个多世纪的时间完成了工业化，时间大约从 19 世纪 20 年代延续到 20 世纪 40 年代第二次世界大战结束。尽管美国的工业化类型并不能归于政府主导型工业化的一类，但是政府在工业化过程中还是进行了许多积极的尝试，农业政策方面的努力就很值得一提。从 19 世纪 20 年代到南北战争前后是工业化的初期阶段，这个时期美国实行了许多扶植农业的政策，例如推广农业技术、通过《宅地法》基本无偿地分配耕地等措施。在外贸政策方面，1816 年之前的关税征收多是出于充实国库的目的，基本上没有贸易保护的迹象，农产品外贸政策也是如此；1816 年之后开始对羊毛、棉花等征收保护性关税，但是之后贸易保护力度时强时弱，南北战争前夕贸易反而趋向自由化。在这个阶段，农产品出口额一直占美国出口额的 85% 左右，而进口比例最高也不过 40% 左右，可见，工业化初期国内对农业的扶持都是为摄取农业剩余服务的。南北战争之后到 20 世纪 20 年代是工业化中期，随着工业自我积累能力的提高，对农业的政策扶持力度不断加强，农业教育机构和科技推广机构不断完善，农业信贷资助政策、农业合作社政策等新的扶持政策也相继出台。不过，这个时期对农产品贸易保护的程度是比较低的，这也是这个时期农产品出口份额不断下降的原因之一。20 世纪 30 年代开始，美国工业化进入后期，以 1930 年《霍利-斯穆特关税法案》和 1933 年《农业调整法》的实施为契机，包括关税壁垒、国内价格支持和补贴等主要内容的农产品外贸保护政策体系正式建立起来。

从明治维新开始到 20 世纪初是日本工业化的初期阶段，这个时期日本的农产品外贸政策尚没有保护主义倾向，边境政策方面的关税壁垒和非关税壁垒尚未建立起来；国内政策方面，一方面通过推广先进农业生产技术和进行农田水利建设来鼓励农业增产，另一方面又通过地税改革和不平等的工农业贸易来提取农业剩余。20 世纪初至第一次世界大战结束基本上属于日本工业化的中期，在这个阶段，农业保护逐渐成为日本农业政策的主题，农产品外贸政策也逐渐向保护主义政策过渡，农产品关税的设立是其典型的代表。在日俄战争期间，出于筹集战争经费的目的，日本首次对大米征收进口关税，这种做法在日俄战争后也被保留下来，虽然 15% 的税率并不高，但是这一轻度保护政策的实施已然表明日本农产品外贸政策开始向保护主义过渡。20 世纪 20 年代开始，日本工业化进入后期阶段，继对大米征收 15% 的进口关税之后，1918 年"米市暴乱"之后实施的"帝国食物自给政策"实际上也加强了对国内农业的保护，这一政策规定对日本进口的帝国之外的农产品施以关税壁垒，而帝国内部则实行自由贸易。① 随着经济的高速增长，日本农产品外贸政策的保护主义倾向不断得到强化，甚至在工业化完成之后，对农产品贸易的保护也一直没有松懈下来。

由此可见，在工业化推进的过程中，农产品外贸政策会随着各国工业化阶段的转变而调整。比较当今处于不同工业化阶段的国家的农产品外贸政策，也会发现存在类似于从一个国家不同工业化阶段观察到的政策差别，典型的表现就是发展中国家的农产品外贸政策基本上处于负保护状态，而处于工业化后期和后工业化时期的国家在农产品外贸政策上则越来越走向保护主义。总之，经验考察的结果是发现了工业化推进会对农产

---

① 李澈、王广森、冯海发：《日本工业化不同阶段的农业政策》，《世界农业》1992 年第 1 期。

品外贸政策产生影响。

2.3　工业化影响农产品外贸政策的路径分析

农产品外贸政策之所以会随着各国工业化阶段的转变而转变，是因为每一阶段工业化的目标与战略都会通过一定的政策途径对农产品外贸政策施加影响。本节的主要任务就是结合相关理论解释这两条路径的由来。

2.3.1　工业化战略的双重性质——产业结构战略与外贸战略

工业化是经济发展和社会进步的必由之路，是社会生产力发展到一定程度的标志。关于"工业化"的定义，《新帕尔格雷夫经济学大词典》从工业收入占国民收入比重的提高和工业就业比重的提高来定义工业化。实际上，在整个 20 世纪的大部分时间里，多数经济学家都将对工业化的理解仅仅限于工业的发展和产业结构的变化。从产业结构变化角度定义的工业化容易忽略农业和其他产业在工业化中的地位及其发展，不过，早在 20 世纪 40 年代，我国学者张培刚就在其著作中提出工业化是"一系列基要生产函数连续发生变化的过程"，这一定义突破了当时学术界"工业化"定义的局限：20 世纪中期，多数经济学家认为工业化仅仅"包括工业本身的机械化和现代化"，而忽略了其他产业尤其是"农业的机械化和现代化"。① 张培刚（1945）将农业的现代化和农村的工业化纳入定义，使工业化的内涵更加完整。20 世纪 90 年代，张培刚又将其扩充为："国民经济中一系列基要生产函数或生产要素组合方式，连续发生由低级到高级的突破性变化的过程。"② 换言之，工业化是"生产技术和制度方面"的进化过程。③ 其实，以产业结构变化为着眼点来理解工业化的思维本身并没有问题。张培刚对工业化的定义也没有摆脱这种思维，不过他在从产业结构角度考察完工业化过程中工农业之间的关系之后，提出了工农业平衡发展的观点。由于工业的发展及其就业份额的增加在绝大多数情况下是一致的，所以我们可以从产业结构变化的角度来理解工业化，即工业化是国民经济结构从农业占统治地位向工业占统治地位转变的过程，或者说机器大工业在国民经济中发展并达到占统治地位的过程，是传统农业国向现代工业国转变的过程。"所有国家的成功发展，事实上都可以由总产出中制成品份额的增加来刻画其特征……工业化来自于对制成品需求的上升，生产要素的改变，贸易政策和技术进步的交互作用。"④

但是，将工业化定义局限在经济方面而忽略社会政治等其他方面则是不妥的，工业化是产业结构或就业结构变化的过程，也是经济增长或发展的过程，还是一个更为深广的概念——伴

---

① 关于"基要生产函数的变化"，张培刚解释为"最好使用交通运输、动力工业、机械工业、钢铁工业诸部门来说明"，他特别强调交通运输和能源动力这样一类基础设施和基础工业的重要性，并把它们称为工业化的"先行官"。

② 张培刚：《农业与工业化（上卷）：农业国工业化问题初探》，华中科技大学出版社 2002 年版，第 4 页。

③ 刘建洲：《关于工业化定义的思考》，载张培刚：《农业与工业化（下卷）：农业国工业化问题初探》，华中科技大学出版社 2002 年版，第 68 页。

④ ［美］H. 钱纳里：《结构变化与发展政策》，经济科学出版社 1991 年版，第 68 页。

随着产出的增加而出现的经济、政治和社会等多方面的变化过程。这里，结构主义的代表者钱纳里进一步指出，工业化的核心内容就是发展，而发展不仅意味着产出的增长，还意味着经济结构的变化。库兹涅茨则将工业化带来的影响扩展到了非经济领域，"随着生产结构的变化必然会发生经济结构其他方面的变化"，而经济结构这个"链环"会在"更广阔的和非经济的领域"产生连锁影响，带来人口结构、法律和政治制度、社会意识形态等方面的变化，而且这些方面同经济结构一样，以加速度的方式变化着。① 可见，工业化的成果不仅表现在产业结构或工业结构的变化上，还表现在其他方面，而且所有方面的表现通常都紧密地联系在一起。除了产业结构变化之外，工业化的成果至少还表现为以下几点，其可以从以下几个方面进行考察：各个产业尤其是工农业就业变化情况；工业、农业各自的发展情况；物质文化生活水平提高情况。在经济学的讨论中，我们更注重工业化的经济增长（或发展）过程这个性质，因而对生产结构或产业结构的变化最为关注。实际上，这几个方面都与工业产值占国民生产总值的比重息息相关，所以从产业结构变化角度描述的工业化的总体目标和衡量标准具有较强的代表性，工业化的总体目标就是要改变农业占主导地位的产业格局。

循着结构主义的思路，很容易对工业化战略产生这样一种产业结构角度的理解，即工业化战略就是为了实现工业占主导地位的产业结构目标而实施的统领性、全局性方案和对策，是一个如何促进各产业向既定目标发展、规划要素在产业间配置的总体方案，这样理解的工业化战略可以称为产业结构战略。

---

① [美] 西蒙·库兹涅茨：《各国的经济增长》，商务印书馆 1999 年版，第 430~437 页。

从产业结构角度来理解，工业化战略往往规定了工业发展的优先权。关于是否应该优先发展工业，争论久已有之，以平衡发展战略和不平衡发展战略的争锋最为激烈。20世纪中期，西方经济学界就发展中国家的经济发展或者工业化是否应该采取平衡增长战略展开了激辩。以保罗·罗森斯坦—罗丹（1943）和拉格纳·纳克斯（1960）为代表的一派，主张实行平衡发展战略，即独立自主地发展国民经济的各个产业。这种战略的理论基础是"贫困的恶性循环论"：低收入带来资本形成不足和投资引诱不足，而后者带来的低生产率又带来低收入，低收入国家的经济就这样陷入了贫困的陷阱。以艾伯特·赫希曼为代表的一派则主张不平衡发展战略。在《经济发展战略》一书中，赫希曼（1958）进行了"三缺口分析"，指出落后国家在以下方面无法满足平衡增长战略需要的条件：储蓄、外汇、技术、管理和企业家。他还提出"引致投资最大化原理""联系效应"等理论来证明一国应当集中资源首先发展联系效应，即带动作用比较强的产业和行业，就联系效应比较强的产业而言，首选是工业。后来，更多的经济学家主张采取不平衡发展战略，优先发展工业部门。例如，钱纳里依据类似于赫希曼的"联系效应"的理论，提出了联动效应较大的工业部门优先发展的产业发展政策；刘易斯的"二元经济模型"将农业看作一个被动的部门，将工业看作吸收农业剩余劳动力和带动经济发展的关键部门，从而主张优先发展工业。

本质上，工业化战略是致力于实现工业化目标的要素配置方案。要素配置包含了两个步骤——要素的取得和要素的分配，因而工业化战略也需要从这两个角度来理解：从要素分配角度来看，工业化战略是规定所得要素在各个产业间的分配次序和分配比例的方案；从要素取得角度来看，工业化战略是规定如何获得资源以满足工业化所需要素条件的方案。从要素分配角度出发的工业化战略是上述的产业结构战略，而从要素取得角度出发的工业化战略则是对外贸易战略。

工业化所需要素的来源，无非是国内和国外两个。一个主权国家对其国内要素的获取是比较容易的，而国际要素的获得尤其是无偿获得要受到国际政治和经济等因素的多重制约，所以，比较可行的方式是以贸易的方式以部分国内要素交换国际要素。这样，从要素取得角度来看，工业化过程中的外贸战略十分重要。在相当长的一段时期内，理论界对工业化的外贸战略的理解停留在进口替代与出口替代的认识上。进口替代战略最初由发展主义的代表人物阿根廷经济学家普雷维什和德国经济学家辛格在 20 世纪五六十年代提出，是指一国通过关税和非关税措施保护本国特定产业发展，从而减少国内某些稀缺要素的利用，或者提高这些要素自给程度的做法。这一战略的思想渊源其实是 1791 年美国汉密尔顿提出的《制造业报告》中反映的贸易保护思想和 19 世纪德国历史学派先驱者李斯特倡导的关税保护理论，这两种思想的共同之处就是通过设置贸易壁垒来保护国内幼稚工业的发展。在贸易保护这一点上，普雷维什与他们的意见是一致的。普雷维什（1959）曾倡议，为了改变贸易条件恶化的局面，落后国家应当尽快实行工业化，并采取国家主导下的进口替代战略，他指出，落后国家要顺利实现对工业品的进口替代，就得鼓励国内工业的发展，通过一段时间的进口保护，培养起具有国际竞争力的工业部门。进口替代着眼于进口方面，通常的做法是发展农业、农产品加工部门和工业部门，依次提高粮食和非耐用消费品乃至耐用消费品的自给率，从而减少进口这些产品的外汇支出，而用稀缺的外汇去交换国内难以自给、更加稀缺的要素。与"进口替代"战略相对应的是"出口替代"战略，这一战略注重出口方面，追求出口产品结构的升级，通常是以工业品的出口替代传统的初级产品的出口。

在现实中，为了获取必要的国际要素，一国往往从比较优势出发，选择实行进口替代战略或出口替代战略。一国的外贸战略是基于自然资源禀赋等基本国情的选择，资源禀赋较好的国家倾向于选择进口替代战略，如美国；而资源禀赋差的国家倾向于选择出口替代战略，如日本。对于一个国家而言，两种外贸战略并不是互相孤立的，根据钱纳里对三组国家贸易战略时间顺序的考察，除日本外，在出口扩张阶段到来之前，几乎所有的国家都经历过进口替代阶段，"进口替代总是工业化的发端形式和初始动因，而出口替代总是它发展到一定阶段的形式和必然结果"。[①]两者并没有目标和本质上的区别，随着工业化的推进，两者存在"交叉和转换"。另外，在工业化推进的过程中，进口替代和出口替代都会呈现出从低级阶段向高级阶段转变的趋势。进口替代战略会从初级进口替代战略逐步向高级进口替代战略转变，由对初级产品和非耐用消费品的进口替代转向更高层次的耐用消费品的进口替代。出口替代战略注重出口和产品的层次提高，实施出口替代战略的国家，往往会经历初级产品、非耐用消费品直到耐用消费品这样一个出口产品结构升级的过程。

进口替代与出口替代是各国工业化进程中普遍存在的现象。关于外贸战略选择进口替代还是出口替代方面的讨论，背后隐

---

① 高德步：《经济发展与制度变迁：历史的视角》，经济科学出版社 2006 年版，第 202 页。

含着这样一个问题，工业化究竟应当选择外向型发展模式还是内向型发展模式。钱纳里等就曾将"准工业国"的"鼓励出口战略""贸易自由化战略（平衡战略）"和"进口替代战略"等外贸战略区分为外向型和内向型，其中前两者属于外向型，后者属于内向型。[①] 在现实中，内向型发展战略与外向型发展战略的选择并非简单地取决于一个经济体的主观愿望，其最终选择在很大程度上受制于来自该经济体外部的因素。可以说，工业化的经济环境究竟是开放还是封闭，是主观选择和客观条件综合作用的结果。因此，工业化究竟选择外向型还是内向型、外贸战略究竟是否选择或自由化战略，要考虑国内外许多因素。

对比产业结构战略和外贸战略两种对工业化战略的理解，相对而言，外贸战略更多地考虑或反映了国外政治经济因素的影响或冲击。两种战略之间并非没有联系。外贸战略的实施，其目的是为了工业化能够顺利进行，最终改变农业占主导地位的产业结构格局，因而在具体的政策实施过程中必然体现出产业结构战略目标和产业结构政策的意图；而外贸战略的实施也无法脱离国内产业结构的现状，无论是鼓励出口还是替代进口，都要有相应的国内产业发展做支撑。

根据以上分析，一个具体的工业化战略可以从两个角度来理解，就是每个工业化战略都同时具有产业结构战略和贸易战略的性质和特点，产业结构战略方面的特点会集中反映在产业结构政策上并进一步规定各产业的具体政策，而贸易战略也将贯彻到一国的对外贸易政策中。根据前文对农产品外贸政策和

---

① ［美］H. 钱纳里、S. 鲁滨逊、M. 赛尔奎因：《工业化和经济增长的比较研究》，上海三联书店、上海人民出版社 1995 年版，第 229~230、430~432 页。

农业政策、外贸政策关系的分析可知，农产品外贸政策是农业政策和外贸政策的交叉部分，必然会同时受到这两个政策的影响，又由于农业政策是产业结构政策约束之下的具体产业政策，所以农产品外贸政策实际上是由产业结构政策和外贸政策共同决定的。这样，一国的工业化战略意图将会通过产业结构政策和外贸政策分别传导到农产品外贸政策上，即农产品外贸政策实质上是工业化战略实行的具体政策工具之一，下文将就此进行分析。

2.3.2 农产品外贸政策是实行工业化战略的政策工具

工业化战略作为外贸战略，外贸政策是其最直接的政策工具，而农产品外贸政策是外贸政策的一部分，所以其作为实现外贸战略的政策工具这一点并不难理解，这里，我们应该把关注点放在另一个方面：农产品外贸政策是实现产业结构战略目标的政策工具，即农产品外贸政策是有助于实现各产业发展目标的政策工具。由于产业结构战略最终将贯彻到各个产业具体的政策中去，所以农产品外贸政策作为实现产业结构战略目标的政策工具这一点，可以分解为两个方面进行理解：第一，农产品外贸政策是实现农业发展目标的政策工具；第二，农产品外贸政策是实现其他产业发展目标的政策工具，由于工业是工业化尤其是工业化初期最受关注的产业，这里"其他产业"主要是指工业。下面先来分析第二个方面。

2.3.2.1 农产品外贸政策是实现工业发展目标的政策工具

农产品外贸政策作为农业政策的一部分，为何会有助于实现工业发展目标？可以从工业化过程中农业与工业之间的关系方面来解释。在工业化初期，农业与工业之间的关系主要是指农业对工业发展的贡献，或者称"农业贡献"。这要从工业化需要具备的要素条件说起。

要进行工业化或者实现工业的快速发展，就要具备一些要素条件。萨伊的"生产三要素论"、马歇尔的"四要素"说、新古典综合派的"经济增长的四个轮子"说，讨论的都是这个问题。我国经济学家张培刚（1945）曾将奈特（Frank H. Knight）提出的发动并定型工业化过程最重要的因素补充、归结为五类：人口、资源或物力、社会制度、生产技术以及企业创新管理才能。经济学家关于工业化所需条件的讨论，可能会局限于某些先发工业化国家的经验，或者仅着眼于个别国家的国情，但并不影响其可取性。概括而言，工业化所需条件或者要素可以分为非经济因素和经济因素两大类，非经济因素主要指社会制度、强有力的政府组织等政治因素和价值观念等。经济因素主要表现为以下四个方面：第一，劳动力资源，包括劳动力的数量和质量等方面；第二，土地、矿产等自然资源；第三，资本，包括货币形式和非货币形式的资本；第四，"创新"，主要指先进的技术和企业制度（组织形式、管理经验等）。① 这里，我们将工业化所需要素简称为劳动力、土地、资本、技术和制度。

在工业化过程中，为了满足工业发展的需要，各国往往通过多种途径来积累生产要素。罗斯托（1959）认为，起飞阶段需要的可贷资金主要来自于"由于改变对收入流的控制而获得的资金"和"由于迅速扩张的特殊部门所得利润重新投资而获

---

① 按照熊彼特的观点，所谓创新就是建立一种新的生产函数，即将一种从未有过的生产要素和生产条件的新组合引进生产体系。他列举了创新的五种形式——产品创新、工艺（技术）创新、开辟新市场、获得新的原材料来源和企业制度创新，并指出企业家是创新的人格化。

得的资金"。① 这里，罗斯托的论述针对的是货币形式的资本，指出了其国内、国外两个来源：国内资本重新配置和国际资本引进。实际上，工业化所需的其他几类要素也无非有国内和国际两个来源：通过收入分配和缩减消费比例、产业间的要素转移最大限度地供给工业部门所需的发展要素；引进外国资源。调整收入分配和缩减消费比例通常的后果都是挤压消费，不过，挤压消费是有限度的，通过挤压消费获得的要素，其数量会受到最低消费水平的制约。获得外部资源的途径包括进行对外贸易、接收外援、举借外债和吸引外国投资等方式。外部资源在许多国家的工业化过程中都起过重要作用，如美、俄、瑞典和加拿大等国家。但是，通常情况下，在意识形态差异、国际关系紧张和经济竞争压力下，一国通过官方援助、举借外债和外国私人投资方式获得的外部要素往往是有限的，而外贸带动发展的有效传导机制首先取决于一国国内原有的经济发展条件。这样，工业化的要素来源就只剩下其他部门转移的要素，由于工业化之前和初期的主导产业是农业，所以产业间的要素转移主要指农业要素的移出，即"农业贡献"。

发展经济学家关于农业贡献的探究，本意是要强调工业化过程中农业的重要性，在此基础上倡导工农业的平衡发展，不过，这一理论成果对于理解工业化初期重工轻农战略的成功实施颇有助益，这里我们讨论的问题——农产品外贸政策有助于其他产业发展目标的实现，也要借助于这一理论中关于外汇贡献的部分去解释。目前，发展经济学中所指的农业贡献主要包

---

① ［美］W. W. 罗斯托：《经济增长的阶段：非共产党宣言》，中国社会科学出版社 2001 年版，第 48~51 页。

括产品贡献、要素贡献、市场贡献和外汇贡献。关于农业贡献的理论，最早由我国经济学家张培刚在 20 世纪 40 年代提出，20 世纪 60 年代，美国经济学家库兹涅茨在此基础上概括而成。20 世纪 40 年代，在其博士论文《农业与工业化》中，张培刚将农业看作工业化和国民经济发展的"基础"和"必要条件"，并从粮食、原料、劳动力、市场和资金五个方面对农业对工业化的贡献进行了比较系统的阐述和论证。不过，张培刚的理论缺少定量分析，而库兹涅茨在《经济增长与农业的贡献》（1961）中弥补了这一缺憾，他还对农业贡献进行了重新概括，即产品贡献（包括粮食和原料）、市场贡献、要素贡献（包括剩余资本和剩余劳动力）以及国内农业通过出口农产品而获取收入的贡献。库兹涅茨的观点后来被印度经济学家苏布拉塔·加塔克（Subrata Chatak）和肯·英格森（Ken Ingersent）誉为"经典分析"，在二人合著的《农业与经济发展》（1984）关于"农业在经济发展中的作用"的讨论中，肯定了这一观点，并将"国内农业通过出口农产品而获取收入的贡献"概括为"外汇贡献"。自此，产品、要素、市场和外汇四大贡献成为农业基础性地位的代名词。在上述关于农业贡献的论述中，没有强调土地要素、技术和制度方面的贡献。关于土地要素的转移，在工业迅速扩张的过程中，工业对土地的需求也会随之扩大，当无法通过垦荒等方式扩大土地面积的时候，一部分农业用地往往会转化为工业用地，而农民中也会产生具有"企业家精神"的一部分人，在其向非农产业转移的过程中也会为工业化的发展提供技术和制度方面的经验。我们不妨将土地要素、技术和制度要素方面的贡献纳入要素贡献，这样，农业四大贡献论保持了原有的格局，但是要素贡献的内涵扩大了。当然，我们也可以从满足工业化要素需求的角度来分类，将农业贡献分为劳动力贡献、土地贡献、资本贡献、技术和制度贡献四大类，这样就很容易看出，农业贡献是工业化的一个要素来源。

农业贡献中的外汇贡献，是通过农产品对外贸易实现的。通过农产品对外贸易换取的外汇，才能使引进国外的要素尤其是引进先进技术和组织管理制度成为现实。当农业产出能够基本满足国内需要、"食品进口的外汇支出减少到能够对付的程度"时，以农产品换取外汇以进口国内无法满足的工业化所需要素，将是正确的选择。① 可见，农产品对外贸易是工业发展所需要素的重要实现途径之一。正因如此，我们才说农产品外贸政策是实现工业发展目标的政策工具。

2.3.2.2 农产品外贸政策是实现农业发展目标的政策工具

这其实并不难理解，从前文对农产品外贸政策的界定中，我们可以看出，不管是广义的还是狭义的农产品外贸政策，它与农业政策的关系都是被包含与包含的关系，或者说，农产品外贸政策本身就是农业政策的一部分。由于农业政策以农业为作用对象，主要目标是促进或保持农业生产的发展，所以农产品外贸政策作为农业政策的一部分，自然也就具有实现农业发展目标的政策工具这一性质。例如，某种农产品增产的目标可以通过调整农产品外贸政策来实现，具体的做法是，可以在该产品的生产要素投入方面予以优惠，或者在该产品的流通环节中进行价格干预，或者在边境措施中设置该产品进口的关税壁垒与非关税壁垒，或者采取出口促进措施。这些具体的政策无

---

① ［印度］苏布拉塔·加塔克、肯·英格森特：《农业与经济发展》，华夏出版社1987年版，第71页。

论单独使用还是同时使用，都将对该种农产品的生产起到一定的促进作用。另外，当工业化发展到"以工哺农"的阶段，产业结构政策将会发生改变，在一定时期内可能会引导工业、服务业部门的要素向农业部门流动，要达到这个目的，包括农产品外贸政策在内的农业政策都将随之调整。

2.3.3　工业化影响农产品外贸政策的两条路径

从不同的角度理解，工业化战略具有不同的性质，它既是一个产业结构战略，也是一个外贸战略，作为产业结构战略，工业化战略直接指导着产业结构政策及各大产业政策的制定与执行，作为外贸战略，外贸政策是其最直接的政策工具。这样，农产品外贸政策作为农业政策和外贸政策的交叉部分，就成为工业化战略的一个具体的执行工具，由此导出了工业化影响农产品外贸政策的两条路径，这两条路径分别是：工业化产业结构战略—产业结构政策—农业政策—农产品外贸政策和工业化外贸战略—外贸政策—农产品外贸政策。由于工业化战略同时具有产业结构战略和贸易战略两种性质，而农产品外贸政策对于这两种战略而言都是具体的政策工具，所以工业化影响农产品外贸政策的两条路径是同时存在的，图 2-4 更好地描述了这两条路径。

结合上节的经验考察可知，在不同的工业化阶段，工业化的影响会促使农产品外贸政策随着工业化目标和战略的演变而不断调整。先来看第一条路径。第一阶段，工业化以工业发展为中心目标，此时的工业化战略是工业优先发展战略，产业结构政策必然鼓励工业比重的提高，而包括农业在内的其他产业被置于次要地位甚至服务地位。这样，农业政策目标就偏离了

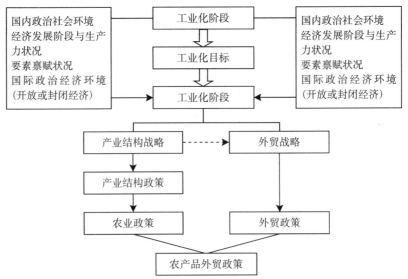

图2-4 工业化影响农产品外贸政策的两条路径

正轨，其发展的目的在于提供更多要素以支持工业的发展：鼓励具有进口替代作用和能够出口创汇的农业行业的发展；在土地政策上，开荒以增加农业用地面积从而促进生产；在农产品国内流通过程中压低农产品价格；压缩农民收入并通过税收等政策转移到工业部门；等等。此时的农产品外贸政策，其特点是减少农产品进口和增加农产品出口以节约外汇或创汇。第二阶段，工农业比重缩小，工业自我积累能力提高，农业自身的发展目标逐渐回归，工业优先发展战略逐渐转向各产业协调发展战略。这样，农业政策逐渐开始具有独立性，农业的发展不再完全以支持工业发展为目标，各项政策开始关注农业自身的发展。具体到农产品外贸政策上，就是开始实施一系列有利于农产品生产结构优化和农业各部门协调发展的政策，如以生产资料补贴和价格支持政策鼓励落后而有发展潜力的种植业部门的发展，加大对农业技术开发的投入和加强农村基础设施建设等。第三阶段，工业在国民经济各部门中占主导地位，工业的发展基本靠自我积累，农业发展基本不再以工业的发展为目的，农业解除了束缚。在工业化战略上，更加注重各大产业的协调发展，往往实行工业对农业的反哺政策。农产品外贸政策更加有利于农产品生产结构优化和农业各部门的协调发展。在工业化的不同阶段，工业化目标和政策因影响农业政策而带动农产品贸易政策不断发生变化。

再来看第二条路径。与上文关于工业化阶段的划分相联系，农业主导阶段外贸战略以初级进口替代战略和初级出口替代战略为主，工农业持平阶段则开始转向高级进口替代战略和高级出口替代战略，到工业主导阶段则基本实现进口替代和出口替代的高级化。分别来看进口替代战略和出口替代战略的两种情况。进口替代战略事实上是一种封闭型的发展战略，它鼓励国内生产以尽量减少对外国商品的依赖。进口替代的初级阶段通常也是工业化的第一阶段，外贸政策的目的是鼓励国内生产廿耐用消费品的轻工业等部门的发展以满足国内需求，从而减少这些商品的进口。这些工业部门发展需要的一部分要素，需要从农业部门转移过去；另外，国内无法获取的要素通常要通过国际贸易实现，而在农业占主导地位的阶段，农产品出口是外汇的重要来源。这样，农业政策目标就设定为鼓励那些有利于出口创汇和为轻工业发展提供要素支持的农作物的生产和行业的发展，在农产品生产资料流通政策等农产品生产政策上给予宽松的环境，而在农产品流通体制上则采取各种方式保证要素向工业部门顺利转移。这些现象，在进口替代向高级阶段发展过程中逐渐减少。再来看出口替代战略方面。一个大国，如果选择出口替代战略，这个战略在初级出口替代阶段对农产品外贸政策产生的影响会类似于初级进口替代阶段的情况。但是，现实中，在工业化起步阶段选择出口替代战略，通常是资源禀赋处于弱势的小国的行为。由于这类国家发展农业的潜力往往有限，所以其农产品外贸政策受工业化的影响并不明显。在出口替代的高级阶段，工业化走向尾声，工业化战略更加注重各大产业的协调发展，农业重新得到了关注，农业政策的调整更加注重农业自身发展的需要，农产品外贸政策更加注重保护本国农业发展和农民利益。

2.4 关于中国农产品外贸政策演变阶段的说明

从以上的分析可以看出，工业化对中国农产品外贸政策的制约主要源于工业化推进过程中工业化战略的演变及其带来的农业政策和外贸政策演变。要在工业化影响背景下考察中国农产品外贸政策的演变，首先要明确中国工业化进程分为几个阶段，然后才能在此基础上分析工业化战略如何随工业化阶段变化而调整并导致农业政策和外贸政策的调整，直至影响农产品外贸政策。

中国的工业化是政府主导型的工业化，政府主导型工业化的一个突出特点就是工业化具有明显的阶段性特征。关于中国工业化阶段的划分，国内学者多有研究。其中，牛若峰（1991）曾将中国工业化过程划分为三个时期：初期为以农养工的快速发展时期；中期为工农业平等发展的稳定增长时期；后期为以工养农的经济成熟时期。① 这与我们在第 2 章中对工业化阶段的划分是一致的。不过，牛若峰的研究中关于工业化各个阶段的划分标准尚不十分清晰，这个缺陷由李溦进行了弥补。李溦（1993）根据工业化进程中产业结构、就业结构和人口分布结构等情况的变化，将工业化过程分为三个阶段。他在处理美、日等发达国家和地区数据的基础上提出，当工业产值占工农业产值之和的比例大致达到 60% 时，此时工业化将进入中期，工业基本实现自我积累，这个比例达到 80% 左右时，工业化将向后期过渡。② 按照这个数量标准来划分中国工业化的阶段。通过计算中国历年工业产值占工农业总产值的比例（见表 2-2）可以看出，20 世纪 80 年代中期这个比例已经接近 60%，根据上述标准，从 1953 年到 20 世纪 80 年代中期可以看作中国工业化的初期阶段，自此之后中国工业化进入中期阶段。这与中国工业化战略的演变是基本一致的。随着工业化的推进，产业结构的变化、产出水平的提高以及国际政治经济形势的变化，中国重工业优先发展的工业化战略逐渐显现出其弊端，从 20 世纪 80 年代初开始，中国逐渐改变了重工业优先发展的工业化战略，走上一条各大产业协调发展、实行对外开放的工业化道路。20 世纪 80 年代中期至今，中国工业产值占工农业总产值的比例已经从 60% 左右达到 80% 左右，根据以上标准判断，这段时期基本上属于中国工业化中期，而目前中国的工业化已经处在了从中期向后期过渡的阶段。考虑到 2001 年中国加入世界贸易组织以及 2002 年提出的"五个统筹"对工业化的影响，可以进一步将

---

① 牛若峰等：《中国经济偏斜循环与农业曲折发展》，中国人民大学出版社 1991 年版，第 12 页；徐志全：《中国工业化非均衡进程与农业政策选择》，中国统计出版社 1998 年版，第 10 页。

② 李溦、冯海发：《农业剩余与工业化的资本积累》，《中国农村经济》1993 年第 3 期。

工业化中期阶段划分为两个时期：20 世纪 80 年代中期到 21 世纪初、21 世纪初至今。

表 2-2 中国历年工业产值占工农业总产值比例

单位：%

年份	工业产值比例	年份	工业产值比例	年份	工业产值比例	年份	工业产值比例
1952	25.8	1969	45.9	1986	58.7	2003	76.0
1953	30.1	1970	51.1	1987	58.7	2004	75.3
1954	32.0	1971	52.8	1988	59.9	2005	77.6
1955	31.2	1972	54.4	1989	60.3	2006	79.2
1956	33.6	1973	54.1	1990	57.5	2007	79.4
1957	38.7	1974	53.4	1991	60.2	2008	79.2
1958	48.2	1975	56.2	1992	63.7	2009	81.6
1959	58.3	1976	55.5	1993	67.1	2010	82.2
1960	62.5	1977	59.3	1994	67.2	2011	83.1
1961	45.1	1978	61.0	1995	67.4	2012	82.8
1962	41.8	1979	58.2	1996	67.8	2013	82.6
1963	42.3	1980	59.3	1997	69.5	2014	82.6
1964	45.2	1981	56.8	1998	69.7	2015	82.3
1965	45.6	1982	54.9	1999	70.8	2016	80.5
1966	48.0	1983	54.6	2000	72.8	2017	81.7
1967	43.2	1984	54.6	2001	73.4	2018	82.5
1968	40.3	1985	57.4	2002	74.1	2019	81.8

资料来源：工业产值比重=工业国内生产总值/(第一产业国内生产总值+工业国内生产总值)，1952~1977 年数据来自《2001 年中国统计年鉴》，http://www.stats.gov.cn/tjsj/ndsj/2001c/c0302c.htm；1978~2008 年数据来自《2009 年中国统计年鉴》，http://www.stats.gov.cn/tjsj/ndsj/2009/indexch.htm；2009~2018 年数据来自国家统计局网站 http://data.stats.gov.cn/easyquery.htm?cn=C01；2019 年数据来自《中华人民共和国 2020 年国民经济和社会发展统计公报》。

在以工业化为发展目标的时代，一切经济政策的目标和内容的调整都以工业化战略为指针，农产品外贸政策也不例外，工业化战略的转变循着两条途径影响着农产品外贸政策。随着工业化的推进和重工业优先发展战略的转变，支持工业发展的目标逐渐从农业政策目标中剥离出来，农业自身发展目标逐渐回归，农业产业安全受到更多重视；在外贸方面，进出口贸易不再单纯地以促进工业发展为目标，更加注重发挥比较优势，逐渐实现工业产品对农产品等初级产品的出口替代。由于农产品外贸政策是农业政策和外贸政策的交集，所以因工业化推进和工业化战略调整导致的农业政策和外贸政策演变最终带来了农产品外贸政策方面的相应变化。受工业化的影响，工业化进程中的中国农产品外贸政策也呈现出阶段性演变的特征。

2.5 本章小结

本章首先对农产品外贸政策进行了定义并将其划分为国内政策和边境政策两大部分，然后在经验考察的基础上得出工业化影响农产品外贸政策的结论，并结合有关理论分析了影响路径的由来。从不同的角度理解，工业化战略具有不同的性质，它既是一个产业结构战略，也是一个外贸战略。作为产业结构战略，工业化战略直接指导着产业结构政策及各大产业政策的制定与执行；作为外贸战略，外贸政策是其最直接的政策工具。这样，农产品外贸政策作为农业政策和外贸政策的交叉部分，就成为工业化战略的一个具体的执行工具。在此基础上，本章提出了工业化影响农产品外贸政策的两条路径，即产业结构战略—产业结构政策—农业政策—农产品外贸政策的路径、外贸战略—外贸政策—农产品外贸政策的路径，并指出这两条路径是并存的。最后，对中国农产品外贸政策的历史分期进行了说明，由于本书考察的是中国工业化过程中的农产品外贸政策，所以对农产品外贸政策的详细考察将按照工业化阶段的变化来进行。

第 3 章
中国工业化初期的农产品外贸政策
(20 世纪 50 年代至 20 世纪 80 年代中期)

从 1953 年工业化启动之际到 20 世纪 80 年代中期是中国工业化的第一阶段。在这个阶段,粮食问题一直困扰着中国,农产品外贸政策陷入了支持工业发展和解决粮荒问题的两难境地。纠结于工业化理想与粮食供应不足的现实,农产品外贸政策走向二元化:一方面力图坚持农产品出口大于进口的原则;另一方面又不得不适度进口粮食以缓和国内粮食供应不足的矛盾,从而导致以支持工业发展为目标和以增加粮食供给为目标的两类农产品外贸政策的形成。这些政策,虽然有助于增加外汇贡献从而支持工业发展和协助解决中国国内粮食供应不足问题,但从农业发展的角度来看却是扭曲性政策。

3.1 重工业优先发展战略与粮食问题

自工业化启动之际至 20 世纪 80 年代中期,粮食问题或者说温饱问题一直困扰着中国,尤其在出现粮荒的年代,进口粮食的需求变得尤为强烈。在重工业优先发展战略下，一切经济政策和经济活动都以优先满足重工业发展的需要为指针，大量进口的做法会与此发生冲突。一方面要优先支持工业发展；另一方面又不得不增加粮食进口以满足口粮需求，工业化初期的中国农产品外贸政策陷入了两难境地。

3.1.1 重工业优先发展战略及其影响下的农业政策和外贸政策

1949~1952 年中国国民经济的恢复与发展为工业化奠定了初步基础。尽管中国国民经济恢复和发展的速度很快，但是同西方经济强国相比，仍存在巨大差距，以人均国民收入水平为例，1952 年中国国民收入水平仅为美国的 2.3%、法国的 4.7%、英国的 5.2%、联邦德国的 6.9%和日本的 22%，甚至比经济不发达的印度还要低。[①] 当时的情况是，一方面新政府缺乏进行大规模经济建设的经验，另一方面工业化面临着种种困难，资源状况尚不明确，资金和机器设备等资本要素和先进技术极度短缺。

在工业化面临的众多困难中，资金、设备等资本要素和技术要素的短缺问题最为严重。纵观世界近现代经济史，已实现工业化的发达国家，其工业化所需资本的形成途径大致有两种情形：第一种情形主要依靠市场完成资本积累。如最早实现工业化的英国，依靠剥夺农民的圈地运动、殖民主义掠夺和不平等的海外贸易等方式积累了工业化的启动资金；美国靠引进外资尤其是英国资本来弥补工业化的资金缺口；法国等西欧国家则多通过银行系统提供信贷的办法来满足工业发展的资金需求。

---

① 董辅礽主编：《中华人民共和国经济史（上卷）》，经济科学出版社 1999 年版，第 114 页。

第二种情形主要依靠政府力量完成资本积累。如 19 世纪俄国工业化以农奴制改革中农民缴纳的赎金作为原始资本积累，苏联等计划经济国家依靠税收等手段提取工业化所需的资金。20 世纪中期的中国，既没有通过殖民掠夺实现资本原始积累的条件，也缺乏完善的金融体系和银行系统，更不能完全依靠外国投资来实现工业化，只能通过强制性的行政手段，靠压缩国内消费和剥夺农业剩余来进行强制储蓄。由于经济发展的起点很低，自我积累能力十分落后，所以强制储蓄的资金规模仍然有限，资金稀缺成为中国工业化启动之后相当长一段时期内的难题。工业化的重要意义之一在于机械力代替人力，因此机器设备和技术的供应状况就成为影响工业化进度的重要因素。经过三年的经济恢复，虽然重工业在现代工业中的比重已经从 1949 年的 16.4% 上升到了 1952 年的 35.6%，但是绝大多数机器制造业仍以零部件为主要产品，能够成套生产的只有纺织机械等少数设备，这样，工业发展所需的先进机器设备在很大程度上都需要从国外引进。[①]

　　经济基础和要素存量的基本情况以及工业化启动时期的国际关系背景，必定会制约着工业化的战略选择：一方面，要素稀缺状况决定了在中国进行工业化，必然要集中全部要素向工业部门倾斜，由于低收入水平使轻工业的发展面临有效需求不足的问题，所以优先发展重工业就成为比较合理的选择；另一方面，苏联的重工业优先发展模式也对中国工业化战略的选择产生了示范效应。在这种情况下，中国最终选择了优先发展重

[①] 国务院全国工业普查领导小组办公室编：《中国工业经济统计资料（1986）》，中国统计出版社 1987 年版，第 117、181 页。

工业的工业化战略，在 1953 年提出的过渡时期总路线中，将实现工业化确定为过渡时期的中心任务。不管从经济学角度还是当时的政治形势角度来看，选择重工业作为工业化的主导部门都是正确的，重工业是"联系效应"比较强的产业，不仅能为工业的发展提供机器设备，为农业的发展提供机械和肥料，为交通运输业提供现代交通工具，还能为国防力量的增强提供充足的先进武器。不过，重工业是资本密集型和技术密集型的产业，其发展需要大量的资金、机器设备和先进技术，这就使资本要素和技术要素对中国工业化的制约更为严重。

为了保证重工业优先发展战略的顺利实施，中国制定了倾向于支持重工业发展的农业政策和外贸政策。重工业优先发展战略使中国工业化面临着资金匮乏的巨大挑战，在投资不足的情况下，为了最大限度地汲取农业剩余，中国实行了从农业经营体制到农产品流通政策的一系列改革，建立起以人民公社为中心的集体经营制度以及以农产品统购统销政策为基础的不平等的工农业贸易政策体系，从而开拓出一条依靠政府干预的强制积累渠道。为了提高农产品供给量以获得更多的农业剩余，必然会制定一系列促进农业生产发展的政策。例如，为提高农业生产的技术水平，1953 年 1 月农业部决定以县为单位建立农业技术指导站，负责"对农业、畜牧和水产事业进行综合性的技术指导"，"推广新式农具"，"推广劳模的丰产经验和苏联的先进经验"，并"对农民、牧民、渔民中的生产积极分子，进行短期的技术训练"，1955 年又强调加强农业技术推广站的工作。[①]

---

① 中国社会科学院、中央档案馆编：《1953~1957 中华人民共和国经济档案资料选编（农业卷）》，中国物价出版社 1998 年版，第 343~349 页。

1957 年 10 月 25 日通过的《一九五六到一九六七年全国农业发展纲要（修正案）》（以下简称《农业四十条》）中强调，"采取推行增产措施和推广先进经验，是增加农作物产量的两个基本条件"，还就农业技术指导工作提出要"系统地建立、充实和加强农业科学研究工作和技术指导工作的机构"。①除了农业技术政策的支持外，国家还从增加农业基础设施投入尤其是农田水利建设投入方面来促进农业增产。毛泽东等领导人高度重视农田水利建设，将其摆在农业增产措施的第一位，在他们的重视下，改革开放以前中国曾在"一五"期间、"大跃进"时期和"文化大革命"时期三度大规模兴修水利。对农业增产措施的重视反映出农业政策目标向扩大农产品供给方面严重倾斜的特点，而这一特点的成因是要素条件和重工业优先发展战略条件下农业背负着支持工业发展的任务。

对外贸易方面，为了引进发展工业所需的先进设备和技术，中国在自力更生为主的建设方针下，积极开展外贸工作，压缩国内消费，优先发展出口。在出口物资的组织方面，实行国内供应服从出口需要的政策，压缩国内对经济作物、肉类和手工业品等商品的消费以增加出口数量；进口方面，根据出口创汇的情况，量入为出，按照"保证重点、补助一般"的原则，优先进口工业部门发展所需的技术设备等重要物资。优先支持重工业发展的外贸政策实行以高度集中的对外贸易管理体制为保证。随着工业化的启动，中国逐渐形成了统负盈亏的统制贸易体制，对外贸易部统一管理全国对外贸易，国有外贸专业公司

① 中央文献研究室编：《建国以来重要文献选编（第 8 册）》，中央文献出版社 1994 年版，第 70、51 页。

分管各项进出口业务，实行垄断经营。1978 年 4 月，外贸企业仅存 13 家，其中 8 家为分管各类商品的全国性专业外贸公司，另外 5 家为设在广州、上海、青岛、天津、大连五个城市的进出口公司。① 在进行对外贸易管制的同时，还实行了关税壁垒与非关税壁垒并重的保护贸易政策，对进出口商品进行分类管理，将平均关税水平提高到 50%，并实行计划管理和外汇管制。总之，改革开放前中国对外贸易政策具有三个特点：第一，进口以保证经济发展尤其是重工业的发展为主要目的，优先安排机器设备等重要物资的进口，适当考虑人民的生活需要；第二，实行鼓励出口政策，鼓励出口是为了满足进口对外汇的需求；第三，实行贸易管制和保护贸易政策。

总之，中国优先发展重工业的工业化战略，本质上就是要在城市工业尤其是在重工业中启动工业化，这就将农业和农村地区的发展放在了工业化的次要位置。工业化所需要素条件，如果能够直接取自农业和农村，经济政策的导向就是引导或强制这些要素从农业和农村向工业和城市单向流动；如果农业和农村无法满足工业化的某些要素需求，经济政策的导向就是通过国际贸易等方式，用一部分工业产品、剩余农产品和矿产品换取工业化所需的国外要素。在工业化初期，用于交换国外要素而牺牲的城乡社会福利除某些工业消费品外，主要是压缩消费得来的粮食和经济作物等农产品。这样，农产品就占了出口产品的大部分。由于工业化开始之际工业自我积累能力很低，所以越是接近工业化起步的时点，农产品在出口创汇方面的作

---

① 八个专业性外贸公司分别经营粮油食品、轻工工艺、土畜特产、五矿冶金、机械、化工、技术和仪器。

用就越重要，农产品外贸政策目标中支持工业发展的目标就越
突出。

3.1.2 工业化初期的粮食问题

新中国成立初期，人口数量的增长和人均粮食消费量的增
加使粮食需求量在一段时期内不断提高。随着国民经济的恢复
和居民生活水平的提高，城乡人口数量不断增加，城乡居民对
粮食等农产品的需求不断扩大。自 1949 年以来，城市人口占总
人口的比重不断扩大，1949~1953 年，城市人口比重从 10.6%增
长到了 13.3%，到 1985 年达到了 23.7%。[①] 在城市人口比重不断
攀升的同时，城市人口规模也在不断扩大，20 世纪 80 年代末人
口数量已经接近 2 亿。这样，城市人口对粮食的消费量也大大
增加。农村人口粮食消费量增加的形势则更为严峻。伴随着农
业生产的恢复和发展，占总人口比例绝大部分的农村人口对粮
食的消费量日益增加，1949~1952 年，农村人均粮食消费量从
185 千克上升到了 222 千克，每人增加粮食消费 37 千克，农村
全部人口合计增加粮食消费 1850 万吨。[②] 到 1953 年，因种植经济
作物及粮食产量不足等原因而需要国家调拨粮食的农民人口已
经接近 1 亿。[③] 虽然随着生活水平的提高，城乡居民的恩格尔系
数不断下降，但是在 20 世纪 80 年代中期以前恩格尔系数一直

[①] 国家统计局人口和社会科技统计司：《中国人口统计年鉴 1991》，中国统计出版社 1991 年版。《4—2 全国历年城乡人口数》，http://annual.apabi.com/ruc/ybsearch/ybarticle.aspx?recnum=X5JwsI/316 DDDmJug +TvVrgDJ5NjnMo% 3D&ybid =X8husIzw06DDDmNmg %2BzuVrgDJ5NimA% 3D% 3D&fromchcon = &cult =CN；国家统计局人口和就业统计司，《中国人口统计年鉴 2009》，中国统计出版社 2009 年版。http://www.stats.gov.cn/tjsj/ndsj/2009/indexch.htm 国家统计局网站。《3-1 人口数及构成（1978~2008 年）》。

[②] 赵兴发：《当代中国的粮食工作》，中国社会科学出版社 1988 年版，第 68 页。

[③] 戴谟安：《粮食生产经济》，农民出版社 1982 年版，第 65 页。

高于 50%，人口增长带来的粮食需求量增加的压力不容忽视。

20 世纪 50 年代到 80 年代中期，中国的粮食总产量在波动中不断增长，经历了三个快速增长的时期——1949~1958 年、1962~1967 年和 1980~1984 年，如图 3-1 所示。不过，由于自然灾害和反右倾、"大跃进"等政治运动的影响，1959~1961 年中国粮食生产出现了连续三年大幅度减产的情况，1958 年粮食总产量为 19765 万吨，之后连年减产，1959 年、1960 年和 1961 年粮食总产量分别下降到了 16968 万吨、14385 万吨和 13650 万吨。粮食需求量的不断增加和粮食供给量的骤然减少，使中国面临着严重的粮荒问题，一度出现粮食供求缺口，其中，城市每年约短缺 2400 万人的口粮（根据每人年均粮食消费量为 250 千克计算得来）。[①] 粮食供求缺口带来的是一连串的反应：粮食供不应求导致国家征收农民留粮，口粮挤占饲料，粮食作物挤占经济作物，从而导致经济作物产量也不断下降，这样，整个种植业产量全面下降。实际上，粮食问题不仅是 1959~1961 年这个阶段的问题，在整个 20 世纪 50~70 年代乃至 80 年代上半期，粮

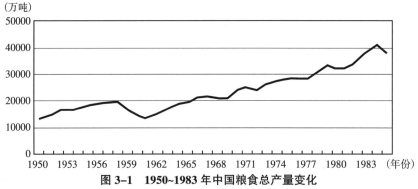

图 3-1　1950~1983 年中国粮食总产量变化

资料来源：肖国安：《中国粮食安全研究》，中国经济出版社 2005 年版，第 89~90 页。

---

① 董辅礽主编：《中华人民共和国经济史（上卷）》，经济科学出版社 1999 年版，第 378 页。

食问题或者说温饱问题一直都是中国工业化和经济发展中的一处 "软肋"。

在国内粮食供应紧张的 20 世纪 50~70 年代，粮食进口无疑是缓解国内粮食供应压力的一条重要途径，然而，在资金短缺、重工业优先发展的工业化初期，中国显然不具备大量进口粮食的财力和运输条件。这样，工业化初期中国的农产品对外贸易就陷入了两难境地：如果以满足粮食需求为目标而大量进口粮食，就会与重工业优先发展的目标发生冲突；如果为了换取尽可能多的外汇来进口工业发展所需的物资而大量出口农产品尤其是粮食和谷物，则会使国内的粮食供给不足状况雪上加霜。这个两难境地，其实就是农产品外贸政策支持工业发展和解决粮荒问题两个目标之间的冲突。实际上，20 世纪 80 年代以前或者说中国解决温饱问题之前的农产品外贸政策，一直致力于在这两个政策目标之间寻找一个平衡点。

3.2　双重约束下农产品外贸政策的目标与内容

工业化初期，在支持工业发展和解决粮荒问题的两难选择中，中国农产品外贸政策力图追求一种微妙的平衡。纠结于工业化理想与粮食供应不足的现实，农产品外贸政策向二元化方向发展，一方面力图遵循农产品出口大于进口的原则，另一方面又强调要适度进口粮食以缓和国内粮食供应不足的矛盾。在两个目标的约束下，农产品外贸政策表现为两类特征鲜明的政策——以支持工业发展为目标的政策和以增加粮食供给为目标的政策。

3.2.1 农产品外贸政策的目标

农产品贸易在新中国成立初期的对外贸易尤其是出口贸易中占据重要地位。在工业化启动前夕的 1950~1952 年，中国出口商品构成中农产品的比重高达 70%左右，进口产品中也有棉花等经济作物和粮油产品。[①] 农产品贸易的重要地位决定了制定合理的农产品外贸政策的意义。在工业化初期，农产品外贸政策的基本方针与整个外贸政策的基本方针是一致的。早在新中国成立前夕，中国共产党就积极探索制定中华人民共和国成立后对外贸易的基本政策，1949 年 9 月通过的《中国人民政治协商会议共同纲领》就明确规定，要"实行对外贸易管制，并采取贸易保护政策"。在对外贸易工作中，中国还坚持了自力更生为主的方针和立足于生产发展对外贸易的政策。工业化开始后，对外贸易部在 1953 年 6 月 26 日发出的《关于过去工作的总结和今后工作的指示》中重申了中国对外贸易必须继续"实行对外贸易管制，并采用保护贸易政策"，积极开展同社会主义国家和资本主义国家的贸易，并进一步强调"出口是为了保证进口，进口是为了供应国防建设和工业建设的需要"。[②] 根据工业化初期对外贸易的基本方针政策，可以归纳出农产品外贸政策的基本方针：在统制贸易体制和保护贸易制度下，坚持自力更生，立足于农业增产扩大农产品出口，尽最大努力支援工业建设。

由于农产品对外贸易背负着支持工业发展和解决粮食问题

[①] 丛树海、张桁主编：《新中国经济发展史（上）》，上海财经大学出版社 1999 年版，第 763 页。
[②] 中央财经领导小组办公室编：《中国经济发展五十年大事记（1941.10~1999.10)》，人民出版社、中共中央党校出版社 1999 年版，第 59~60 页。

的双重任务，所以农产品外贸方针与对外贸易总方针相比，更加注意内外销的统筹兼顾，这一点突出反映在中共中央对外贸工作的一些指示中。1953 年 10 月中央在对对外贸易部的指示中提出，对外贸易要在兼顾内外销的基础上保证工业建设的需要，"凡对国计民生关系重大的商品（如粮食、大豆、植物油等），保证国内供应是需要的，但不能只强调这一方面……还必须想尽一切办法挤出来，以供出口。凡对国计民生关系较小的商品，应积极出口，有些商品（如肉类、花生）更可适当节减国内消费，以满足出口需要。"[①] 1954 年 7 月中共中央《关于加强市场管理和改造私营企业的指示》也强调，对多数商品实行国内供应服从出口需要的政策，对肉类、水果、茶叶等非粮食农产品要优先照顾出口，但是粮食、油料等物资要尽量自给或限量出口。中央的这些指示，实际上隐含着农产品外贸政策的两个主要目标：第一，尽可能出口换汇以进口工业化所需物资；第二，兼顾国内的粮食供应，适量进口粮食以保证人民大众的口粮供应。在这两个目标约束下，中国工业化初期农产品外贸政策表现为以支持工业发展为目标和以增加粮食供给为目标的两类政策。

3.2.2　以支持工业发展为目标的农产品外贸政策

为了扩大农产品出口以支持工业发展，中国在关税、农产品生产和农产品流通方面都予以政策倾斜。关税政策方面，早在 1951 年 5 月颁布的《中华人民共和国海关进出口税则》中就规定，对工业生产急需的机器设备、原料等征收较低的关税或

---

① 丛树海、张桁主编：《新中国经济发展史（上）》，上海财经大学出版社 1999 年版，第 748~749 页。

免税，对政府鼓励出口的产品免征或少征出口关税。在农产品流通政策方面，建立了以统购统销制度为主的一系列制度。1953年11月9日，政务院通过《关于实行粮食的计划收购和计划供应的命令》，要求除西藏和台湾外，其余各地自12月开始实行统购统销制度。统购统销制度的做法最初仅限于粮食，后来扩展到食用植物油、棉花和棉布、茶叶、甘蔗、羊毛等经济作物和农畜产品以及废旧金属、药材等产品。这一做法一方面有利于在供求存在缺口状态下保障基本供给和稳定市场价格，另一方面也便于组织蔬果等农产品出口，使内销服从于外销。另外，政府也非常重视农产品的生产，强调"生产是贸易的基础，贸易为生产服务。要有计划地组织出口商品的生产，否则对外贸易便会失去物质力量"。[①] 为了扩大出口、引进更多的技术设备以支持工业的发展，中国实行了包括农业技术政策、农田水利建设等一系列农业生产支持政策。关于农业技术政策和农田水利建设方面的情况在本章第一节中已经进行了简单介绍，这里不再重复。在鼓励农业增产的实践中，一方面强调要保证粮食产量稳步提高，另一方面非常重视茶叶、棉花等经济作物和蚕丝等农副产品在扩大出口创汇中的作用。

工业发展的目标突出表现在对待某些种类农产品的政策上。茶叶和蚕丝是当时政府比较重视的两个农产品品种，由于中华人民共和国成立后这两类作物的产量一直低于抗日战争前的水平，20世纪50年代，农业部、对外贸易部和全国供销合作总社曾多次召开专门会议来部署这两类经济作物的产购销工作。以

---

① 见1953年10月中共中央对外贸易部：《关于对外贸易工作基本总结及今后工作指示》的批示。丛书海、张桁主编：《新中国经济发展史（上）》，上海财经大学出版社1999年版，第748页。

茶叶为例，1955 年 12 月召开的全国茶叶专业会议从茶叶生产、收购和组织出口方面提出了指导政策，并规定了茶叶增产的任务。在茶叶生产方面，要求复种荒芜茶园和开辟新茶园，提高茶叶产量，在扩大种植面积的同时，还要注意改进生产和加工技术以提高茶叶质量；在收购方面，各地生产的茶叶全部由国家统一收购，合理制定收购价格；在出口方面，要保证和扩大外销数量，实行外销服从内销的原则。[①] 在 1955 年 5 月 19 日发出的《关于大力发展茶叶生产的指示》中，进一步明确了茶叶增产的目标：1955 年茶叶产量要达到 1954 年的 107.9%，并争取于 1962 年超过战前水平。[②] 同茶叶一样，20 世纪 50 年代上半期蚕丝蚕茧生产一直没有恢复到抗日战争以前的水平，但是，由于以蚕丝为生产原料的丝绸是工业化初期重要的出口商品，所以蚕丝的生产自始即受到国家重视。"一五"计划期间，有关部门曾多次强调增加蚕丝生产对支援工业建设的意义，还要求蚕丝与茶叶一样，其产量也要在 1962 年达到战前水平。

在工业化初期，农产品出口换取的外汇是工业化重要的资金来源，虽然其数量不足以满足工业化的资金需要，但这种压缩消费、扩大农产品输出的开源节流之举，仍然具有一定的成效。扩大农产品出口会受到可供出口农产品数量的制约和进口国农产品较低的需求弹性的限制，在中国，前一个因素的制约显然更为严重，长期以来粮食供不应求的局面迫使政府不得不在粮食类农产品的进出口方面作出适当的妥协。

[①] 农业出版社编：《中国农业大事记 1949~1980 年》，中国农业出版社 1982 年版，第 33 页。
[②] 李德彬等编：《新中国农村经济纪事》，北京大学出版社 1989 年版，第 105 页。

3.2.3　以增加粮食供给为目标的农产品外贸政策

工业化启动后相当长的一段时间内，在优先发展工业的同时，中国始终为温饱问题所困扰。为了解决全国人民的吃饭问题和稳定民心，在粮食等农产品的进口问题上，中央一直坚持在严格控制大量进口的原则下适度进口的政策。反映在进出口贸易上，1961 年以前粮食和主要的农副产品在出口中一直保持着相当高的比例，而这些产品在进口中所占的比例却只有百分之二三。城市人口的增长和人均粮食消费量的增加使全国粮食需求量呈不断增长态势，在粮食产量稳步增长的年份国家尚可努力实现粮食自给，一旦遇到重灾减产的情况，就会出现严重的粮荒，1959~1961 年的情况即是如此。"大跃进"和人民公社化运动对农民生产积极性的挫伤和对农村生产力的破坏以及严重的自然灾害的影响，使中国在 1960 年出现了粮荒，如北京、上海等大中城市。随着储备粮的动用，国家粮食储备量不断降低。为了解决严重的粮食供需矛盾，国家在政策上一度放宽了对农产品进口数量的限制。

1960 年前后，国家的农产品外贸政策从强调严格控制进口逐渐转变为强调适度增加进口以缓解粮荒。在 1960 年 8 月 10 日北戴河会议上，中央尚坚持必须严格控制 1960 年和 1961 年的进口量，为此，还成立了以周恩来总理为领导的对外贸易指挥部来专门管理进出口工作。[①] 随着粮荒问题的日益凸显，中央逐渐认识到增加粮食进口量的必要性。作为调整整个国民经济措

---

① 中央财经领导小组办公室编：《中国经济发展五十年大事记（1941.10~1999.10）》，人民出版社、中共中央党校出版社 1999 年版，第 149 页。

施的一部分，一系列围绕压缩粮食需求、恢复农业生产以增加粮食供给的政策不断出台：精减部分来自农村的工人、动员盲目流入城市的人口返乡；减少粮食征购，将多数地区的农业税降到 10% 以下；改变"一平二调"的政策，进行退赔和提高农产品收购价格。当时，国家一再强调要把农业放在整个国民经济的首位，甚至要求各行各业甚至工业都要从生产资料等方面支援农业生产。1961 年 5 月，陈云在中共中央工作会议上的讲话（《一项关系全局的重要工作》）中提出了解决粮食问题的四项措施，除要求调整农村基本政策、动员城市人口返乡和提高工业支农力度外，还强调进口粮食也是解决问题一个途径，"稳定市场，关键是进口一些粮食"，同时也指出中国当时缺乏外汇和运输力量来支持百亿斤以上的粮食进口。[1] 为了扩大粮食供应，当时还通过对外贸易实现了稻米、大豆等粮食品种对小麦的交换。以稻米为例，由于世界农业生产正常年份小麦和稻米的国际价格之比即达到 1/13：1/12，稻米歉收年份这个比例甚至能达到 1：2，所以中国采取了出口稻米换回小麦的贸易策略。出口稻米、大豆换回小麦的做法不仅补偿和增加了粮食供应，还有利于增加国家的粮食储备，这一策略曾因此得到周恩来总理的高度赞扬。伴随着《农村六十条》的制定和农村政策的调整，1961 年起中国开始大量从加拿大、澳大利亚和阿根廷等国家进口小麦等口粮类谷物，致使粮食进口量超过出口量，至 1984 年，除 1975 年略有顺差外，中国一直是粮食净进口国。

大量进口粮食，是中国在特定时期迫不得已的选择。在粮荒蔓延的年代，选择进口粮食还是压缩粮食进口而增加资本品

---

[1] 中共中央文献编辑委员会编：《陈云文选第三卷》，人民出版社 1995 年版，第 147 页。

进口，实际上就是在"生存"与"发展"之间抉择。发展具有长远效益，而生存问题刻不容缓。在实行计划经济体制和粮食统购统销制度的中国，漠视生存问题的后果或许不会沿着"粮食价格上涨—工资提高—工业利润下降—工业投资减少—工业发展减速及经济发展减缓"这样一条路径发展，但粮食供应不足最终一定会发展到影响经济增长速度甚至危害社会稳定。可见，如果实行禁止粮食进口的农产品外贸政策，不仅会带来经济成本，还会带来政治风险，这就是工业化初期中国不得不实行以保证粮食供应为目标的农产品外贸政策的原因。

可以说，在"自力更生为主，争取外援为辅"的原则指引下，工业化初期中国的农产品外贸政策一直倾向于追求粮食的自给和农产品对外贸易顺差。为什么会有这样的倾向？重工业优先发展的工业化战略并不足以解释全部的原因，经济学的机会成本概念也有助于回答这个问题。从农业贡献的角度出发，工业化进程中的粮食问题可以与产品贡献中的食品贡献联系起来。理论上，工业化初期一个国家虽然可以通过粮食进口来弥补国内粮食的供求缺口，但这样做的机会成本是极高的。在外汇稀缺的时期，粮食的大量进口会挤占资本品的进口，由于粮食是一种消费品而不能用于生产，所以粮食进口的机会成本实际上就是国内投资的增加和经济的快速发展。在中国劳动力要素相对丰裕的人口大国，粮食这种劳动密集型产品生产的边际成本是比较低的，这与粮食进口的高机会成本形成了鲜明对比。这样，进口粮食的高机会成本和生产粮食的低边际成本，使工业化初期的中国一直倾向于"自力更生"的农产品外贸政策。

工业化初期大量进口粮食的举措其实是形势逼迫下的无奈之举，以保证粮食供给为目标的农产品外贸政策实际上是一种休养生息的政策，其最终意图，除了出于粮食安全和政治安定的考虑外，主要还是为了缓解农业的压力以尽快恢复和发展农业生产以及集中力量优先支持工业的发展。即使在决定增加粮食进口量的时候，政府也不忘强调要争取尽快减少粮食进口。在农业生产尚未完全恢复的 1963 年 3 月，中央在《关于粮食工作和农产品收购工作的几个问题的规定》中提出的之后五年的粮食工作方针中，就开始要求逐年减少粮食进口。1966 年 5 月国务院批转的《全国财贸工作会议纪要》中也再次强调"应当力争较快地做到粮食不进口"。[1] 即使是着眼于增加粮食供给的农产品外贸政策调整行为，也深深地烙上了重工业优先发展的工业化战略的印记，这样，工业化初期的农产品外贸政策就表现为一种扭曲的政策。

3.3　农产品外贸政策的绩效与问题

虽然陷入重工业优先发展战略和庞大规模人口的粮食供应问题造成的两难困境中，工业化初期中国的农产品外贸政策还是在增加外汇收入和弥补中国国内粮食供求缺口两个方面表现出一定的成效。但是，这个时期中国的农产品外贸政策并不是无可指摘的，从工业化的含义来考察，我们发现这个政策忽略了农业发展也是工业化的题中应有之义，因而存在一定程度的

---

[1] 中央财经领导小组办公室编：《中国经济发展五十年大事记（1941.10~1999.10）》，人民出版社、中共中央党校出版社 1999 年版，第 182、211 页。

扭曲。

3.3.1 农产品对外贸易在创汇和解决粮食问题方面的作用

20 世纪 80 年代以前，中国的农产品外贸政策一直在优先支持工业发展还是着重满足全民粮食需求两个目标之间进行着微调。解决千百年来困扰中华民族的温饱问题和实现近代以来无数有识之士和进步党派为之奋斗的工业化理想，我们无法断言究竟哪个目标更为重要、更应该放在政策目标之首，但可以确定的是，无论农产品外贸政策如何权衡和抉择，中国工业化初期的农产品对外贸易都取得了相当大的成绩。农产品出口方面，如图 3-2 和表 3-1 所示，从 1953 年到 20 世纪 70 年代中期，随着农业生产力的提高，农产品出口额基本呈逐年上升态势，农产品出口额占出口总额的比重为 35%左右，其中 1961~1964 年农产品出口额及其比重的急剧下降是由 1960 年前后的粮荒造成的。从 20 世纪 70 年代中期起，虽然农产品出口额不断增加，但农产品出口额占出口总额的比重却在逐渐下降。进口方面，从 1961 年开始农产品进口量骤升，20 世纪 60 年代中期开始逐渐下降，改革开放后有小幅上升。

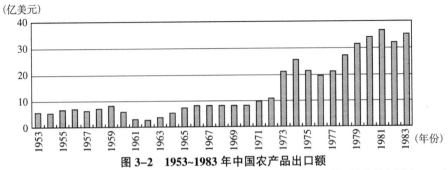

图 3-2　1953~1983 年中国农产品出口额

资料来源：数据来自于《中国对外经济贸易统计年鉴 1984》（中国对外经济贸易出版社 1984 年版）第 8 页表格"我国出口商品构成表二（按农副产品、轻工业产品、重工业产品划分）"。

表 3-1 1953~1983 年中国农产品进出口情况

单位：亿美元，%

年份	农产品出口		农产品进口	
	金额	占出口总额比重	金额	占出口总额比重
1953	5.69	55.7	1.06	7.9
1954	5.53	48.3	0.99	7.7
1955	6.51	46.1	1.07	6.2
1956	7.01	42.6	1.31	8.4
1957	6.40	40.1	1.21	8.0
1958	7.03	35.5	1.30	6.9
1959	8.50	37.6	0.90	4.3
1960	5.75	31.0	0.90	4.6
1961	3.09	20.7	5.50	38.1
1962	2.89	19.4	5.25	44.8
1963	3.99	24.2	5.57	44.0
1964	5.37	28.0	6.89	44.5
1965	7.37	33.1	6.75	33.5
1966	8.50	35.9	6.24	27.8
1967	8.39	39.3	4.84	24.0
1968	8.41	40.0	4.43	22.8
1969	8.24	37.4	3.21	17.6
1970	8.29	36.7	4.01	17.3
1971	9.55	36.2	3.54	16.1
1972	10.77	31.3	5.88	20.6
1973	20.80	35.8	12.17	23.6
1974	25.30	36.4	18.54	24.3
1975	21.50	29.6	10.94	14.6
1976	19.46	28.4	8.67	13.2
1977	20.96	27.6	17.22	23.9
1978	26.91	27.6	20.29	18.6
1979	31.57	23.1	29.28	18.7

续表

年份	农产品出口		农产品进口	
	金额	占出口总额比重	金额	占出口总额比重
1980	34.19	18.7	41.30	21.1
1981	36.81	17.6	52.99	27.2
1982	32.43	14.9	51.06	29.2
1983	35.29	15.9	39.55	21.3

资料来源：数据来自于《中国对外经济贸易年鉴》编辑委员会：《中国对外经济贸易统计年鉴1984》，中国对外经济贸易出版社1984年版，第8页、第10页。其中，农产品进口额以生活资料进口额代替，出口额为农副产品出口额。

3.3.1.1 农产品的外汇贡献

通过农产品出口贸易实现的农业外汇贡献，是工业化初始资本积累的重要来源之一。据统计，1952~1986年中国通过农业税和工农业产品"剪刀差"两种途径为工业化提供的农业剩余高达6868亿元左右。[1]虽然因资料限制无法估计确切数据，但仍可以肯定的是，其中相当大一部分农业剩余都是通过农产品出口创汇——引进工业发展所需物资这一途径进入工业部门的，仅以蚕丝制品——丝绸而言，"一五"期间丝绸出口总额即相当于进口0.5亿吨钢材所需的外汇总额。[2]

20世纪五六十年代，农产品出口创汇不仅表现为出口贸易的形式，还表现为以农产品偿还苏联贷款的形式。新中国成立初期，内缺资金和技术设备，外遇帝国主义的政治孤立和经济封锁，在内外交困的局面下共产党选择了"一边倒"的外交政策，积极争取社会主义国家苏联的援助。1950年，《中苏友好互助条约》签订，苏联对华援助迅速展开，在中国启动工业化的

---

[1] 冯海发、李溦：《工业化的成长阶段与我国农业发展政策的调整》，《经济学家》1991年第5期。
[2] 农业出版社编：《中国农业大事记1949~1980年》，农业出版社1982年版，第178页。

"一五"计划期间，以经济内容为主的对华援助达到了高潮。苏联对华援助范围十分广泛，涉及经济、军事和社会文化等领域，援助的主要形式有提供低息贷款、援建重点项目、技术援助与合作等。援助以资金转移方式带动了大量的技术设备转移，据不完全统计，20世纪50年代中国引进苏联技术设备投资共计76.9卢布（折合人民币73亿元），其中1953~1957年完成了57.2%，1958~1959年完成了39.7%；引进东欧各国技术设备投资共30.8亿卢布（折合人民币29.3亿元）。[①]苏联对华援助并不是无偿的，中国接受的技术设备援助和低息贷款援助都是通过贸易途径等额偿付并支付了利息的，在中国为偿还贷款向苏联提供的物资中，除钨、锑、铜、煤等矿产品之外，多数是粮油和农副产品。

3.3.1.2　农产品对外贸易对解决粮食问题的意义

在农产品外贸政策的指导下，工业化初期的农产品对外贸易在实现外汇贡献的同时，还通过粮食进出口贸易缓解了国内粮食供应方面的压力，尤其是帮助中国度过了20世纪60年代初的粮荒时期。1961年起，中国开始大规模进口粮食，年均进口量在500万吨左右，进口的主要粮食品种为国际价格比较低的小麦，达90%以上。[②]1960年中国粮食进口量仅为6.64万吨，1961年、1962年则剧增至580.97万吨和492万吨。[③]至1963年农业生产恢复时，粮食进口量才逐渐减少。当时向中国提供粮食的主要贸易对象为加拿大、阿根廷和澳大利亚等西方国家，

① 周弘、张浚、张敏：《外援在中国》，社会科学文献出版社2007年版，第98~99页。
② 张培刚、廖丹青：《二十世纪中国粮食经济》，华中科技大学出版社2002年版，第547页。
③《中国对外经济贸易年鉴》编辑委员会：《中国对外经济贸易统计年鉴1984》，中国对外经济贸易出版社1984年版，第88页。

中国粮食进口额成为中国与这些国家贸易总额中举足轻重的部分，例如，由于 1961 年中国进口小麦数量骤增，1961 年中加贸易总额从 1960 年的 0.18 亿美元骤增为 1.70 亿美元，约增加了 9 倍。[①] 粮食的大量进口，对缓解粮食供应紧张局势、减轻农民负担以加快农业生产的恢复以及弥补城市和缺粮农村地区的粮食供求缺口，起到了不容忽视的作用。据估计，20 世纪 60 年代至 80 年代中期中国粮食自给率的波动范围是 97%~100%，即该时期国内粮食供求缺口大约为 3%，据此我们大致可以推算出，20 世纪 60 年代至 80 年代中期粮食进口贸易的年贡献大约为中国国内粮食供应总量的 3%。[②] 这样看来，粮食进口对增加国内粮食供给的作用似乎并不大，实则不然，因为这个数值并不能反映出在粮食紧缺的特定年份进口粮食的作用，因此并不足以抹杀以保证粮食供给为目标的农产品进口政策的意义。

3.3.2　支持工业发展目标下农产品外贸政策的扭曲

工业化初期，中国农产品外贸政策在扩大外汇收入和弥补中国国内粮食供求缺口两个方面都具有重要意义，不过，从工业化的内涵出发，我们发现农产品外贸政策存在着某种程度的扭曲。无论是强调支持工业发展的目标还是注重增加国内粮食供给的目标，都是从农业贡献的视角来看待农产品外贸政策的，支持工业发展的农产品外贸政策与农业外汇贡献理论是一致的，支持国内粮食供应的农产品外贸政策也与农业的粮食贡献不无关联。仅仅从农业如何为工业化提供各种贡献的角度看问题，

---

① 丛树海、张桁主编：《新中国经济发展史（上）》，上海财经大学出版社 1999 年版，第 795 页。
② 张培刚、廖丹青：《二十世纪中国粮食经济》，华中科技大学出版社 2002 年版，第 547 页。

其缺陷在于忽视了农业发展本身也是工业化的题中应有之义，忽略了对于工业化而言，农业的发展或者说农业的工业化也是终极目标之一，而只看到了农业的工具价值。

农业贡献理论极力发掘工业化进程中农业的工具价值，本意是要否定那种认为对于工业化而言农业仅是从属产业的观点，而强调农业的发展是工业化顺利推进的基础。最早提出农业贡献观点的张培刚坚持这样一种观点："农业本身就包含在工业化过程之内，并且是这个过程的内在的不可分割的一部分。"[1] 但是，现实中的农业贡献论的作用却往往与理论提出者的意图背道而驰，在工业化初期发展工业的强烈愿望的影响下，农业贡献论常常沦为农业剥夺政策的理论依据。多数已实现工业化的国家，在工业化初期往往都难以摆脱从工具价值角度看待农业的逻辑，中国显然也不例外。在农产品外贸政策上，"有计划地保证外销，适当安排内销"，"国内市场的销售服从出口的需要"，"压缩国内市场的销售，保证出口"，类似的标志性政策语言充分显现了工业化初期中国对农业工具价值的重视，此时强调的"农业的基础性地位"，无疑缺失了一项重要的含义——农业的目标价值，中国的农产品外贸政策就这样成为剥夺农业剩余政策体系的重要组成部分。当然，客观条件的制约也是不得不考虑的因素，农产品外贸政策的扭曲是各种主客观条件综合作用的结果，本书指出的政策扭曲现象，仅仅是从工业化理论角度考量的结果，在当时的情况下，这种扭曲可能是无法避免的。

---

[1] 张培刚：《农业与工业化（上卷）：农业国工业化问题初探》，华中科技大学出版社 2002 年版，第 193 页。

3.4　本章小结

本章讨论的是 20 世纪 50 年代到 80 年代中期的中国农产品外贸政策。首先，本章指出了中国工业化初期农产品外贸政策的抉择具有两个重要的约束条件：第一，重工业优先发展的工业化战略决定了农产品外贸工作要以扩大农产品出口创汇量为目标，以保证有充足的外汇来进口工业发展所需的物资；第二，有限的农产品供应量和巨大粮食需求之间的差距存在，要求必须进口一定数量的粮食。这两个难以协调的矛盾条件，使决策者陷入了两难困境。

其次，本章考察了两难困境中农产品外贸政策的抉择情况，指出冲突与协调之中的农产品外贸政策从目标到内容都呈现出二元特征：一方面力图坚持农产品出口大于进口的原则；另一方面又不得不适度扩大粮食进口量以缓和国内粮食供应不足的矛盾。

最后，本章对这一阶段的农产品外贸政策进行了评析，认为虽然当时的政策选择既有助于创汇从而支持工业发展，也有助于解决中国国内粮食供应不足的问题，但从理论上来说，却存在着对工业化内涵的片面理解，忽略了农业发展也是工业化的题中应有之义，因而存在着一定程度的政策扭曲。

第4章
中国工业化中期的农产品外贸政策
（20世纪80年代中期至2001年）

20世纪80年代中期，中国工业化步入了中期，与经济体制改革和经济对外开放的环境相适应，优先发展重工业的"赶超"战略发生了转变。这些转变通过产业结构政策和贸易政策两条路径给农产品外贸政策带来了不少影响。工业化战略的转变给农产品外贸政策带来哪些约束，使农产品外贸政策的目标和内容发生了哪些变化以及如何评价本阶段的中国农产品外贸政策，是本章要探讨的内容。

4.1　比较优势战略的选择与农业政策、外贸政策的转变

4.1.1　重工业优先战略向比较优势战略的转变

在工业化推进过程中，中国的产业结构也在不断发生变化，第一产业的比重越来越小，第二产业的比重则不断增加。如表

4-1 所示，1953 年工业化开始时，第一产业和第二产业占国内生产总值的比重分别为 45.9%和23.4%，至 20 世纪 80 年代中期的 1985 年，第一产业的比重落到了 30%以下，而第二产业的比重则稳定在 40%以上，可见，在国内生产总值的构成中，第一、第二产业几乎互换了位置。由于第二产业由工业和建筑业构成，建筑业产值占国内生产总值的比重几乎保持在 5%左右而没有巨大的波动，所以第二产业产值占国内生产总值比重的提高主要是由工业的迅速发展导致的。由图 4-1 可见，1955~1985 年，工农业产值占国内生产总值的比重呈此消彼长的关系。剔除政治运动导致工业比重异常提高的 1960 年前后的年份，其余年份工业的产值份额是逐渐提高的，从远落后于农业到超过农业。总之，经过工业化初期的发展，工业和农业在国民经济中的地位发生了转换，工业超越农业成为中国国内生产总值中所占比重最大的部门。工农业地位的转换使工业化启动以来一直遵循的重工业优先发展战略难以为继。农业贡献是重工业优先发展战略能够实施的一个重要支柱，但是，随着农业部门的萎缩和工业部门的膨胀，靠汲取农业剩余及控制国内消费的方式已经无法支持工业化的进一步发展。而且，由于工业长期挤压农业，农业生产遭到了一定程度的破坏，这更加剧了要求农业支持工业的重工业优先发展战略的危机。

表 4-1　1953~1985 年国内生产总值构成

单位：%

年份	第一产业	第二产业	工业	第三产业
1953	45.9	23.4	19.8	30.8
1954	45.6	24.6	21.5	29.7

年份	第一产业	第二产业	工业	第三产业
1955	46.3	24.4	21.0	29.3
1956	43.2	27.3	21.9	29.5
1957	40.3	29.7	25.4	30.1
1958	34.1	37.0	31.7	28.9
1959	26.7	42.8	37.4	30.6
1960	23.4	44.5	39.0	32.1
1961	36.2	31.9	29.7	32.0
1962	39.4	31.3	28.3	29.3
1963	40.3	33.0	29.6	26.6
1964	38.4	35.3	31.7	26.2
1965	37.9	35.1	31.8	27.0
1966	37.6	38.0	34.7	24.4
1967	40.3	34.0	30.7	25.8
1968	42.2	31.2	28.5	26.7
1969	38.0	35.6	32.3	26.5
1970	35.2	40.5	36.8	24.3
1971	34.1	42.2	38.2	23.8
1972	32.9	43.1	39.3	24.1
1973	33.4	43.1	39.4	23.5
1974	33.9	42.7	38.8	23.4
1975	32.4	45.7	41.5	21.9
1976	32.8	45.5	40.9	21.7
1977	29.4	47.1	42.9	23.4
1978	28.1	48.2	44.1	23.7
1979	31.2	47.4	43.6	21.4
1980	30.1	48.5	43.9	21.4
1981	31.8	46.4	41.9	21.8
1982	33.3	45.0	40.6	21.7

续表

年份	第一产业	第二产业	工业	第三产业
1983	33.0	44.6	39.9	22.4
1984	32.0	43.3	38.7	24.7
1985	28.4	43.1	38.3	31.3

资料来源：1952~1977 年数据来自《2001 年中国统计年鉴》，http：//www.stats.gov.cn/tjsj/ndsj/2001c/c0302c.htm；1978~1985 年数据来自《2009 年中国统计年鉴》，http：//www.stats.gov.cn/tjsj/ndsj/2009/indexch.htm。

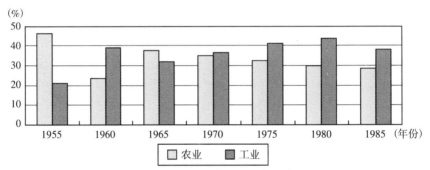

图 4-1　1955~1985 年工农业占国内生产总值比重

　　重工业优先发展战略无以为继并不仅仅是工农业地位的转换造成的。重工业优先发展战略对于突破资金、设备和技术等要素约束和集中资源迅速建立工业化的基础具有重要意义，在其指导下中国迅速建立起了以重工业为基础的工业体系。但是，重工业优先发展的模式也存在不容忽视的弊端：一方面，重工业部门的优先发展影响农业部门和轻工业部门的发展，继而导致农、轻、重比例关系失调。重工业占农、轻、重三大产业部门的比例，在着力发展重工业的"一五"计划时期尚仅为 36.1%，而到"三五"计划时期和"四五"计划时期就上升到了 51.1% 和49.6%。另一方面，在过度强调工业发展的情况下，生产性积累的大幅增加导致积累率不断走高，积累和消费的比例也呈现失调特征。薄一波在中共八大的发言中曾指出，根据中华人民共和国成立以来尤其是"一五"期间经济建设的实践，国民收入中积累部分占的比重"不低于百分之二十，或者略高一点，是比较稳妥可靠的"，这样可以兼顾工业建设发展和人民生活改善两个方面，否则不仅无益于经济的发展，势必还会影响到政治的稳定。[①] 实际上，中国的积累水平并没有限于 20%~30% 这个范围，虽然积累消费比率在"一五"计划期间仅为 24.2 : 75.8，但随着积累率的不断提高，到"四五"计划期间，这个比率已经达到 33 : 67。[②] 产业结构不合理和积累消费比例失调使中国工业化的进一步发展受到制约。关于重工业优先发展模式的弊端，党和国家领导人自"一五"计划后期即有所认识，毛泽东就曾在《论十大关系》中进行了理论探索。不过，在经济建设实践中，政府并没有采取能有效纠正这些弊端的措施，经济发展倚重重工业的状况一直持续到了 20 世纪 70 年代末。

1978 年 12 月，中共十一届三中全会作出了把全党工作重点转移到以经济建设为中心的社会主义现代化建设上来的战略决策，调整经济结构和转变发展战略势在必行。1981 年 11 月，五届人大通过的《政府工作报告》提出了经济建设十条方针，这标志着重工业优先发展战略向以下几个方面转变：强调各产业协调发展，尤其是加快农业发展和消费品工业的发展；实行经济体制改革；坚持对外开放。1981 年 12 月，中共中央和国务院明确提出要实现经济发展战略的转变，经济建设要兼顾速度、效益和人民生活水平的提高。新的工业化战略可以从以下三个方

---

① 薄一波：《正确处理积累和消费的比例关系（一九五六年九月十八日）》，载中共中央文献编辑委员会编：《薄一波文选（一九三七——一九九二年）》，人民出版社 1992 年版，第 255 页。
② 国家统计局编：《中国统计年鉴（1984）》，中国统计出版社 1984 年版，第 34~35 页。

面来理解：

第一，新的工业化战略是平衡发展的战略。改革开放后逐渐形成的工业化战略与之前的战略相比，更加注重产业结构的合理化，注意引导各大产业协调发展而非像过去那样要求其他产业以工业为服务对象。在协调发展目标约束下，农业逐渐摆脱附属地位，其支持工业发展的任务逐渐弱化，农业自身的健康发展回归到农业政策目标之中。

第二，新的工业化战略是有限开放条件下的工业化战略。随着经济的对外开放，中国工业化的环境从相对封闭走向相对开放，这一重要转变意味着中国的工业化和经济发展将不得不面对来自世界市场上其他国家的竞争压力，将受到更多国际经济领域规则的约束，为了更好地融入逐渐一体化的世界经济，中国必然要在某些方面做出让步，而直接联系国内外经济的对外贸易，其体制和政策的改革势在必行。

第三，新的工业化战略是遵循比较优势的战略。一个国家要实现从传统农业国家向新兴工业国家的转变，仅仅依靠控制丰裕的自然资源是不够的，发展的战略往往成为成败的关键。对于任何一个发展中国家来说，能否实现工业化，常常取决于所采取的工业化战略是否能够遵循和体现本国的比较优势。也就是说，农业国实现工业化比较可行的长远战略是比较优势战略。实际上，改革开放以前中国的重工业优先发展战略是一种忽略比较优势的"赶超战略"，从重工业优先发展战略到各产业协调发展战略的转变，也就是从"赶超战略"向比较优势战略的转变。林毅夫、刘明兴（2004）通过实证分析证明，中国自20世纪80年代中期以来的工业化之所以成绩卓然，正是因为实现了从赶超战略向比较优势战略的转变。[1]

总之，重工业优先发展战略之后的中国工业化战略，是一个具有协调性（平衡性）、开放性和遵循比较优势的经济发展战略。具有平衡性的工业化战略如何一步步影响农产品外贸政策，开放条件中的工业化战略下农产品外贸政策如何应对国际市场冲击和适应国际规则的约束，以及农产品外贸政策的转变是否遵循了比较优势原理，正是下文着重探讨的问题。

4.1.2　农业政策调整与农业发展和农民收入问题

重工业优先发展战略的转变使产业结构政策随之调整，其中，农业政策目标由促进工业发展为主转向着眼于农业自身的发展和农民收入水平的提高。具体政策包括：建立起以家庭经营为基础、发展社会化服务的农业经营体制；改革统购统销的农产品流通政策；加大对农业基础设施建设的投入；进行农村税费制度改革减轻农民负担；调整农业生产结构，发挥比较优势；积极推进农业技术进步；等等。如表 4-2 所示，工业化战略调整后，农业政策的主要特点是：仍然强调农业增产，但增产的前提是调整农业内部结构，发挥农业比较优势；实行富民政策，通过减轻税负和改革流通体制等措施提高农民收入；调整农业内部结构，配合农村其他政策增加农民就业。

20 世纪 80 年代中期之后，粮食问题基本得到了解决。20 世纪 60 年代初的粮荒过去以后，中国的粮食自给率一直是比较高的，肖国安（2005）根据美国农业部经济研究局的统计资料计算，即使受到了农业减产的影响，1960~1969 年中国的粮食自

---

[1] 林毅夫、刘明兴：《经济发展战略与中国的工业化》，《经济研究》2004 年第 7 期。

表4-2　不同工业化战略下的农业政策目标及主要农业政策比较

工业化战略 农业 政策及目标	重工业优先发展战略 （赶超战略）	协调发展战略 （比较优势战略）
农业政策目标	提高农产品产量，尽量实现粮食自给，优先生产有利于出口的经济作物以换取进口重工业发展所需技术、设备等物资的外汇	优化农业结构，保证粮食安全，鼓励具有比较优势尤其是劳动密集型作物的生产和出口；扩大农村就业，提高农民收入水平
农业经营制度	建立农业合作社、人民公社，实行比较集中的集体经营管理制度	实行家庭联产承包责任制
农产品流通政策	实行中央统一管理下的计划收购、计划供应政策即统购统销政策，以"剪刀差"形式提取农业剩余	提高农副产品收购价格，缩小农产品统购派购范围，开放城乡农贸市场，最终取消统购统销①
农村土地政策	集体所有、集体使用	集体所有，家庭拥有使用权
农业劳动力政策	限制农村劳动力向城市的流动，一度出现城市劳动力向农村的逆流	在努力扩大农村就业的同时，合理引导农村剩余劳动力流出
农业税收政策	征收农业税	注意减免农村税费
农村金融政策	控制农村金融，实行农贷国家主导政策	逐渐允许民间借贷发展，设立专门性农村金融机构，实现商业性农贷和政策性农贷的体制分离
农业科技政策	建立农业科研与推广机构；"大跃进"时期曾制定违背自然规律和经济规律的农业技术政策	鼓励农业技术研究与推广，实行综合开发和可持续发展战略

给率仍然高达97.35%，而整个20世纪六七十年代的平均粮食自给率则超过了99%。计划经济时期粮食自给率居高不下与国家对粮食消费和粮食进口的控制不无联系，当粮食消费控制开始放松的时候，20世纪80年代，中国出现了农产品短缺的局面。多数经济学家认为，95%的粮食自给率是一国保障粮食安全的必要条件。1980~1989年，粮食自给率落到了95.32%，接近了粮食安全的必要条件要求的粮食自给率水平。② 这个时期粮食自给

---

① 至2004年全面放开了粮食收购价格。
② 肖国安：《中国粮食安全研究》，中国经济出版社2005年版，第196页。

率的下降，并不是由农业减产造成的，也不是由城乡居民粮食消费量的增加造成的，而是由以粮食为原料的工业部门发展过程中粮食消费量的增加造成的。实际上，虽然人口不断增加、耕地面积不断减少，但是从 20 世纪 80 年代中期开始，中国粮食供求基本达到了平衡的状态，这个平衡，一方面是由于农业增产，另一方面是由于中国已经拥有了较为充足的外汇从而提高了从国外市场获取粮食的能力。

随着粮食问题的逐渐消隐，新的问题又凸显出来。在优先发展工业的工业化初期，存在着工业和农业等其他产业之间发展不平衡的问题，工业生产率的大幅提高和农业生产率的缓慢上升使工农业之间的比较利益状况发生着变化，相对于工业，农业越来越处于劣势。农业比较利益的下降突出表现为农民收入偏低。如表 4-3 所示，改革开放初期，农林牧渔业的人均收入均低于各行业的平均收入水平，约为各行业平均工资收入的 76%~84%，也低于制造业的平均工资收入。由于农业收入占农民收入的绝大部分，从农业政策改革入手来改善农民收入状况

表 4-3　改革开放初期各行业收入比较

单位：元

年份	各行业平均收入	农林牧渔业	制造业
1978	615	470	597
1979	668	528	664
1980	762	616	752
1981	772	637	758
1982	798	661	773
1983	826	691	789
1984	974	770	955
1985	1148	878	1112

资料来源：《2001 年中国统计年鉴》，http://www.stats.gov.cn/tjsj/ndsj/2001c/e0522c.htm。

就成为必然。

农业相对于其他产业比较利益的降低或者说农业劳动生产率的相对低下，是工业化进程中各国普遍存在的现象。农业收入增长的缓慢和农民收入的相对低下，与农业比较利益的下降是息息相关的，而农业比较利益的下降具有多重原因，其因素主要包括农业的产业特性和政府政策两个方面。农业的产业特性包括农业生产因受自然因素影响而风险性较大的特征、农业生产的分散性、农业生产的高劳动投入特征和农产品需求弹性小等特征；政府政策主要受到工业化战略或者经济发展战略的约束。农业的产业特性和工业化初期偏向于工业发展的政策导致农业生产率提高速度比较慢，从而使农业比较利益低下，农民收入偏低。

工业化战略调整带来的产业结构政策变化以及逐渐显现的农业比较利益下降和农民收入低下的问题，迫使中国的农业政策不断进行着微调，优化农业生产结构、促进农业发展以及提高农民收入这些目标在农业政策目标体系中的地位逐渐上升，而这些变化也进一步辐射到了农产品外贸政策领域，带来了农产品外贸政策目标和具体措施的相应变化。

4.1.3　外贸体制与外贸政策的改革

随着经济发展战略的转变和经济对外开放的起步，中国在对外贸易体制和政策方面进行了大刀阔斧的改革。对外贸易体制改革方面，经过下放外贸经营权、实行承包责任制和建立自负盈亏机制等几个步骤，逐步打破了进出口贸易的国家垄断局面，改进了外贸管理体制，扩大了市场机制在调节对外贸易中的作用。1991 年取消了出口补贴，1994 年开始实行有管理的浮动汇率制度，并取消了外贸指令性计划，之后还连续大幅削减了关税壁垒和非关税壁垒。

随着外贸体制的改革，中国形成了出口导向的贸易政策，实现了从计划经济国家统制条件下相对封闭的保护贸易政策向逐步开放条件下的保护贸易政策的转变。[①] 1992 年，"大经贸战略"出台，这是一个以进出口为基础，融商品、资金、技术交流和劳务合作多个方面，生产、外贸和金融等多部门共同参与的战略，它要求转变外贸功能并将促进产业结构调整升级、促进技术进步和提高经济效益作为外贸政策的重要目标。在"大经贸战略"和"以质取胜""科技兴贸"等战略的指导下，中国外贸增长方式逐步从粗放型向集约型转变。

为了更好地融入世界经济，在实行对外开放政策和进行经济体制改革的同时，中国在加入世界贸易组织方面做了大量工作。20 世纪 90 年代以后尤其是 1994 年以后，中国加入世界贸易组织的谈判进程开始加速，1992~2001 年这个关键时期，中国在对外贸易体制和政策的改革方面表现出向世界贸易组织规则靠拢的趋势。同时，这一阶段也是中国开始建设社会主义市场经济体制的重要时期，因而市场化成为外贸体制和政策改革的重要指向。1992 年 3 月至 1994 年 7 月，为了适应市场经济体制和世界贸易组织规则的需要，中国先后颁布了《中华人民共和国出口货物原产地规则》《出口商品管理暂行办法》《一般商品进口配额管理办法》《进口商品经营管理暂行办法》等外贸法律法规，并于 2000 年 7 月改革了自 1987 年开始实施的《海关法》，使中国的对外贸易法规向国际贸易规则迈进了一大步。在管理体制

---

① 裴长洪主编：《共和国对外贸易 60 年》，人民出版社 2009 年版，第 348 页。

方面，政府逐渐摆脱了微观管理职能，仅保留对对外贸易的宏观管理职能，更多地运用法律和经济手段来管理有限开放条件下和市场经济体制建立过程中的对外贸易。1994 年开始，中国还大幅削减了对外贸易中的关税壁垒和非关税壁垒，并逐渐弱化了数量限制方面的政策，如减少适用关税配额和进口许可证政策的商品种类。

可见，工业化战略的转变，使外贸政策不再以优先支持重工业发展为目标，而转为注重经济发展结构的合理化和效益的提高；不再以计划手段强制实现政策目标，而是以经济利益诱导各大产业向体现比较优势的方向发展；不再单方面过度限制进出口数量，而是在逐渐开放的条件下逐渐向国际贸易规则看齐以更好地参与国际分工。

总之，20 世纪 80 年代中期，随着工农业地位的转换和重工业优先发展的工业化战略转变为各大产业协调发展的战略，中国的整个经济政策环境发生了重大的变化，就是在这样的政策环境中，中国农产品外贸政策发生了重要的转变，逐渐摆脱了出口创汇的角色。在外汇贡献弱化的同时，农业比较利益下降引起的农民收入低下问题成为制约农产品外贸政策改革的新的重要因素。实际上，中国农产品外贸政策调整的压力并不仅来自国内提高农民收入方面的要求，也越来越多地来自经济对外开放带来的国际竞争和世界贸易组织要求进行的政策调整。

4.2　农产品外贸政策目标与内容的调整

　　工业化初期中国农产品外贸政策的基本方针是在统制贸易体制和保护贸易制度下，坚持自力更生，立足于农业增产以扩大农产品出口，尽最大努力支援工业建设。农产品的进口主要出于"调剂余缺"的目的，而且受到严格限制，农产品的出口把换取更多的外汇作为目标，以购买更多的工业发展所需机器设备等物资。可以说，中国工业化初期的农产品外贸政策是一种"创汇型"政策。随着工业化进入中期，重工业优先发展战略发生转变，这种扭曲的"创汇型"农产品外贸政策也逐渐发生了变化，向支持农业发展和增加农民收入的方向发展。不过，粮食安全始终是农产品外贸政策的重要目标，而保证食品安全和提高农产品竞争力也被纳入了农产品外贸政策的目标体系之内。另外，随着加入世贸组织步伐的加快，向符合国际规则的方向调整也成为农产品外贸政策调整的目标之一。

4.2.1　农产品外贸政策目标趋于多元化

　　改革开放之后中国对经济体制进行了实质性的改革。在政府主导下，经济体制从中央计划经济体制逐渐向社会主义市场经济体制过渡，农业政策和与农业相关的政策也包含在经济体制改革的大框架之内。这样，农业政策及农业相关政策的改革受到经济体制改革目标的约束。实际上，建立社会主义市场经济作为整个改革的目标，一直约束着包括农产品外贸政策在内的农业政策的演变。另外，在市场化改革的过程中，农业政策的改革还受到了农业特殊地位的约束。农业是国民经济的基础，这是由其作为人类社会的衣食之源这一自然属性决定的，从这个意义出发，粮食安全就成为政府在制定农业政策时不得不考虑的问题。实际上，在经济发展的任何时期，粮食安全都是农业政策的重要目标，保证国家粮食安全不仅是工业化初期的重要目标，也是工业化中后期乃至后工业化时期不可忽视的问题，这一点，对人口众多的中国而言尤其重要。中国是世界第一人口大国，而耕地面积相对有限，因此，实现粮食的自给成为农业发展的重要目标。实际上，中国农业政策一直追求的粮食安全是粮食的基本自给，尽管政府并没有明确规定粮食自给率达到什么水平才称得上"粮食自给"，但普遍认为95%是中国政府默认的粮食自给标准，例如，在1996年的政府白皮书中即提出粮食自给率要争取达到95%。不过，从外贸的角度来看，粮食安全的意义并不是粮食自给，因为贸易过程并不是生产过程，农产品对外贸易是要保证在农产品尤其是粮食不能自给或供给过多的情况下，通过进口或出口的调节达到供求基本平衡。当然，由于粮食自给目标的约束，粮食盈余未必能全部出口，而是有一部分要用来储备，而歉收年份也未必要大量进口，因为储备粮的动用会抵消一部分粮食歉收的影响。这样，实际上粮食安全目标对农产品外贸政策约束的结果就是限制农产品大进大出。

与粮食安全相联系，食品安全也是农产品外贸政策的目标之一。食品安全基本上是指粮食质量的可靠。随着农业生产率的提高和农产品产量的增加，中国的粮食短缺问题基本上得到了解决，生活水平和人均收入水平的提高令人们越来越关心食品的安全程度。出于食品安全的考虑，农产品外贸政策的改革也从主要关注数量转变为数量和质量并重。

随着农业贡献作用的降低，提高农民收入逐渐成为农业政策的重要目标。农民收入从构成来看，包括农业收入、非农业收入、财产收入和转移收入几大类，其中，农业收入包括种植业收入、林业收入、牧业收入和渔业收入，非农业收入包括工资收入和商业、服务业及运输业等第三产业收入。随着工业化的推进，以乡镇企业为主体的农村工业逐步发展壮大，农民收入来源的结构也发生变化。总的来说，非农收入比重逐渐提高而农业收入比重相应降低，但是在 2001 年加入世界贸易组织之前，农业收入仍然构成农民收入的绝大部分。如表 4-4 和图 4-2、图 4-3 所示，2000 年，即使是在非农业收入比较高的非贫困农户的收入构成中，农业收入仍然达到了 55.6%，而在严重依赖农业为生的贫困地区和贫困农户中，农业收入的比重更高，达到76.2%。可见，农业的发展在提高农民收入方面的作用不可忽视。Rozelle、Scott、Linxiu Zhang 和 Jikun Huang（2000）的研究以及 Tian W.、Wang 和 F. Ke（2003）的研究也都表明，农业生

表 4-4　2000 年中国农村居民收入结构比较

收入	贫困农户		其他农户	
	元/人	比重（%）	元/人	比重（%）
总收入	1203	100.0	3485	100.0
农业收入	917	76.2	1939	55.6
非农业收入①	243	20.3	1332	38.2
财产收入	7	0.6	50	1.4
转移收入	34	2.9	163	4.8

注：①非农业收入 = 工资收入 + 第三产业收入。

资料来源：《中国农村贫困监测报告》，2001 年。转引自经济合作与发展组织编：《中国农业政策回顾与评价》，程国强校译，中国经济出版社 2005 年版，第 138 页。

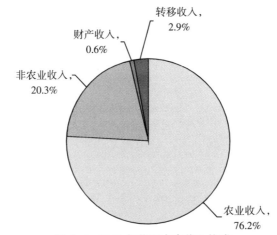

图 4-2　2000 年贫困农户收入构成

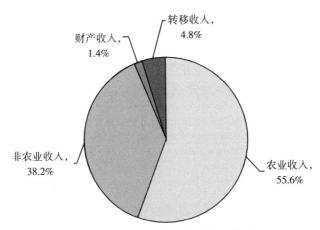

图 4-3　2000 年非贫困农户收入构成

产率的提高和农业产出的增加是提高农民收入的重要因素。

　　一方面，农民收入倚重农业收入；另一方面，农业收入水平低于其他行业。另外，城乡居民收入差距也逐渐拉大。如表 4-5 所示，20 世纪 80 年代中期以后，城乡居民家庭平均收入之比加速上升，20 世纪 90 年代后期基本保持在 16：1 以上。总的来说，提高农民收入成为整个农业政策体系的重要目标。在整个农民增收政策体系中，农产品外贸政策虽然不构成主体，但也是不可缺少的一个方面，它与农业生产方面的政策一起，引导农业生产结构向突出我国比较优势和竞争优势的方面发展，即鼓励劳动密集型农产品的生产，从而尽可能地提高农民收入。

表 4-5　1978~2000 年中国城乡居民可支配收入

年份	城镇居民家庭人均可支配收入		农村居民家庭人均纯收入		城乡居民家庭人均收入之比
	绝对数（元）	指数	绝对数（元）	指数	
1978	343.4	100.0	133.6	100.0	3.43
1980	477.6	127.0	191.3	139.0	3.76
1985	739.1	160.4	397.6	268.9	4.61
1990	1510.2	198.1	686.3	311.2	7.62
1991	1700.6	212.4	708.6	317.4	8.01
1992	2026.6	232.9	784.0	336.2	8.70
1993	2577.4	255.1	921.6	346.9	10.10
1994	3496.2	276.8	1221.0	364.3	12.63
1995	4283.0	290.3	1577.7	383.6	14.75
1996	4838.9	301.6	1926.1	418.1	16.04
1997	5160.3	311.9	2090.1	437.3	16.54
1998	5425.1	329.9	2162.0	456.1	16.44
1999	5854.0	360.6	2210.3	473.5	16.23
2000	6280.0	383.7	2253.4	483.4	16.37

资料来源：《2009 年中国统计年鉴》，http：//www.stats.gov.cn/tjsj/ndsj/2009/html/J0902C.xls。

与国际规则接轨和提高农产品竞争力也是这个阶段农产品外贸政策调整的目标之一。市场经济体制改革和经济对外开放使中国的农产品贸易面临着更多的世界市场压力和国际规则的约束，为此中国实施了一系列有利于提高农产品竞争力的政策，农产品外贸政策倾向于鼓励和引导有竞争力的农产品出口。同时，在调整过程中，也非常注意向世界贸易组织的规则靠拢。

总体而言，20 世纪 80 年代中期，中国农产品外贸政策的主要目标从以保证粮食供给和增加外汇收入为主转变为一个包括保证粮食安全和食品安全、增加农民收入、与国际规则接轨以及提高农产品国际竞争力的目标体系，其中，粮食安全和提高农民收入是两个最主要的政策目标。从 20 世纪 80 年代中期到 20 世纪末这段时间，农产品外贸政策目标不断调整，政策的侧重点不断发生变化：虽然粮食安全一直是重要的政策目标，但是相对而言，20 世纪 90 年代中期以前这个目标更为突出，食品安全目标在这个时期内不断得到重视；90 年代末期，提高农民收入成为政策的关注点；加入世界贸易组织的迫切愿望促使中国越来越重视提高农产品竞争力和与国际规则接轨的目标，在入世前夕这两个目标更是受到了优先关注。农产品外贸政策目标的演变，促使农产品外贸具体政策不断调整，下文将分为国内政策和边境政策两部分来考察。

4.2.2 国内政策的调整

至 20 年代 80 年代初期，中国农产品外贸政策仍然带着浓厚的计划经济特色，这一点突出地表现为封闭条件下贸易保护政策的普遍特点：由于封闭条件下较少地受到国际贸易规则的约束和规范，国内政策对农业进行支持和补贴的做法往往与国际规则相冲突；在边境政策方面，农产品对外贸易实行国营体制，农产品关税水平比较高且非关税壁垒相对较多，对粮食等重要农产品贸易的政策限制尤为严格。伴随着工业化建设走向开放阶段，农产品对外贸易促进农业自身发展、提高农民收入和提高国际竞争力等目标逐渐凸显出来。

农产品外贸政策的国内政策包括农产品生产政策、农产品流通政策和其他政策。随着农村经济体制的改革，家庭联产承包责任制在全国农村逐渐建立起来，在这个大背景下，有关农产品生产和流通的政策不断发生着变化。20 世纪 80 年代中期至 20 世纪末，农产品外贸政策和国内政策部分的调整主要表现为农产品生产政策和流通政策的调整。

4.2.2.1　农业生产政策的调整

主要包括农村金融政策、农业生产资料流通政策和农业科技政策几个方面的调整。

（1）农村金融政策。1994 年以前，中国农业银行执行国家的涉农政策性金融任务，在 20 世纪 80 年代早期以前，它监管下的 20 世纪 50 年代建立起来的农村信用合作社体系是中国农村金融政策的执行机构。随着 90 年代农业银行的改制及中国农业发展银行的分立，农业发展银行成为专门经营政策性农村信贷的机构。另外，80 年代初，农村信用合作社转型成为真正意义上的合作金融机构，并在 1996 年改由中国人民银行监管。这样，农业发展银行、各大商业银行和农村信用合作社就成为农村主要的金融机构，不过，农村金融政策更集中地体现在农业发展银行和农业银行的政策性信贷业务中。据调查，1994 年以前农业银行和 1994 年之后农业发展银行的政策性信贷流向主要是国有农产品贸易组织，这是为了支持这些组织完成收购和贮存农产品的业务，如中国农业发展银行的资产业务就包括中央储备粮贷款业务、地方储备粮贷款业务、粮食收购贷款业务、油料收购贷款业务、粮食仓储设施贷款业务、储备棉贷款业务等。[①] 从地域范围来看，是向粮食、棉花等重要农产品生产地区

---

① 中国农业发展银行网站，http://www.adbc.com.cn/templates/T_yewu/index.aspx?nodeid=9。

或优质农产品生产辖区提供优惠贷款。从农产品种类来看，主要是针对粮食作物、油料作物和棉花进行优惠贷款。据统计，仅 1994~1998 年国家向农业、农村提供的专项优惠贷款就有 365.7 亿元。[①]

（2）农业生产资料流通政策。农业生产资料流通政策的调整主要体现在农用机械工具、柴油、化肥、农药、水电和种子等方面的价格优惠和补贴上。以化肥为例，1985 年以前化肥的产供销由国家严格控制；1985 年控制开始放松，逐渐允许大型国有企业按照市场价格销售计划数量外的化肥，并支持各地建立一些小化肥厂以解决化肥供应紧张的问题。1993 年改革了包括化肥在内的农业生产资料进口体制，以代理制代替国家垄断进口的制度；1999 年又将化肥销售价格的国家定价制度改为允许年产量 30 万吨以上厂家的销售价格可以在国家指导价格的基础上下浮动 10%的政策。另外，1987 年国家实行的"三挂钩"政策将化肥（和柴油）的实物供应与农民向国有农产品收购机构提供的粮食和棉花等农产品数量相挂钩，以农产品出售数量确定化肥（和柴油）的供应数量；1993 年 2 月，又对这个政策进行了调整，以现金补贴代替了实物供应。1994 年开始，中央和地方逐渐取消了生产资料的现金补贴政策。再以水价为例，农业用水、工业用水和生活用水的价格一直存在较大的差异，如下列依据 2002 年发改委统计数据计算得出的结果（见表 4-6），1994~2001 年，农业用水价格远低于工业和生活用水价格，约为工业和生活用水价格的 1/5 左右。农药和农机具方面也享受类似的政策优惠。这些优惠虽然并没有特别针对出口的农产品，但

---

① 经济合作与发展组织：《中国农业政策回顾与评价》，中国经济出版社 2005 年版，第 70 页。

是具有比较优势而生产规模较大的农产品显然受益会比较多，而这些农产品往往是出口的大宗商品。

表 4-6 1994~2001 年农业用水价格占工业、生活用水价格的比例

年份	农业用水价格占工业用水价格的比例	农业用水价格占生活用水价格的比例
1994	0.20	0.19
1995	0.26	0.22
1996	0.28	0.23
1997	0.20	0.21
1998	0.21	0.21
1999	0.20	0.17
2000	0.18	0.17
2001	0.16	0.15

资料来源：根据发改委 2002 年调查数据计算得出。

（3）农业科技政策。在农业研发制度方面，20 世纪 80 年代打破了国家独自投资于农业研发的局面，虽然粮食等产品的研发仍然以国家投资为主，但其他种类农产品的研发已经允许私人投资。由于研究机构的研究重点不再受国家管制，其研究课题的设立越来越体现出对利润的追求，市场力量对农业研发的推动作用越来越明显。在农业技术推广方面，适应家庭联产承包责任制下分散经营的特点，服务对象的单位由人民公社转至个体家庭。在不断追加农业推广资金的同时，国家还颁布了《农业技术推广法》（1993）等法规来规范农业技术推广服务。另外，从 20 世纪 90 年代开始，对农民的生产技能培训工作也陆续展开，以培训班、技校、电视广播和农村干部培训等方式对农民进行技能教育，到 2000 年年中，约有 1000 万农民得到了农

业培训机会，其中约一半获得了相应的资格证书。[①] 农业技术的研发和推广以及对农民的培训有利于具有比较优势的农产品生产的发展。另外，政府还提供了农产品检测服务，如资助"无公害"产品生产、进行"绿色产品"认证等，这些检测服务虽然在短期内会导致生产成本的提高，但从长期来看对食品安全的重视有利于农产品质量的提高，从而有利于增加出口机会和扩大出口数量。

4.2.2.2　国内农产品流通政策

国内农产品流通政策的调整主要表现为围绕取消统购统销体制而进行的一系列改革，在改革过程中，农产品国家收购价格不断提高，农产品价格形成机制逐步走向市场化。改革开放前，中国国内农产品的流通制度是一种计划统制下的统购派购制度，这种制度是适应工业化初期提取农业剩余以积累工业化所需资金的需要而设立的，其特点是强行压低农产品的统购派购价格，以工农产品的"剪刀差"形式提取农业剩余。到20世纪80年代中期工业化进入中期以后，由于工业自我积累能力的增强，这种带有剥削性质的农产品流通政策逐渐得到了纠正，其突出表现是农产品收购价格的提高和统购统销制度的逐渐解体。1978年底，中央即决定对农产品购销体制进行改革，十一届三中全会提出"粮食统购价格要从1979年夏粮上市的时候提高20%，超购部分在这个基础上再加价50%"，另外，还提出要提高棉花、油料作物、糖料作物和畜牧业产品等农副产品的收购价格。[②] 农产品价格的提高自1979年夏秋即已开始，据计算，

---

①经济合作与发展组织：《中国农业政策回顾与评价》，中国经济出版社2005年版，第76页。
②农业部经济政策研究中心编：《中国农村：政策研究备忘录》，中国农业出版社1989年版，第41页。

这次提价使各种农产品国家收购价格平均提高了约 24.8%。[1] 同时，农产品的统购派购范围和征购指标也得以缩小和降低。到 1984 年，农副产品国家收购价格比 1978 年提高了 53.6%，而统购派购的农产品种类减少了 77.6%。[2] 1985 年中央一号文件的出台，标志着统购统销制度的解体和农产品流通领域双轨制的启动。自此，农产品的收购方法改为合同订购和市场收购，即原来属于统购物资的粮、棉、烤烟、蚕茧和糖料等继续由国家定价，合同订购之外的产品可以以议购价格出售给国家或者在市场上自由买卖；蔬菜、水产品、禽畜产品等原派购产品，合同订购之外的产品也实行自由市场价格。到 1993 年末，中国的粮食统购统销体制时代已经结束。1995 年中国实行"米袋子"省长负责制，其目的是确保粮食供求平衡，省长负责完成地方进口粮食任务是其主要内容之一。[3] 1997 年，中国实行了"粮食保护价制度"以保护粮农，除大豆外，保护价格通常比国内自由市场价格要高，与进出口价格相比，玉米、大豆和大米价格相对偏高，但小麦的情况则相反。到 20 世纪末期，虽然国内农产品流通体制已几经改革，但是价格方面双轨制依然存在，尤其是对棉花价格的控制比较严格，直至 1999 年末才放开，粮食流通体制相对于其他农产品流通体制而言市场化进程比较缓慢。在国内市场上对粮食等重要农产品流通环节的严格控制，为在边境环节控制粮食进出口打下了良好的基础，这是国家出于保证粮食安全和粮食市场稳定目的的选择。对粮食、棉花等实行

---

[1] 价格平均提高百分比根据资料数据计算得出，资料来源于郭书田主编：《变革中的农村与农业》，中国财政经济出版社，1993 年，第 194 页。

[2] 董辅礽主编：《中华人民共和国经济史（下卷）》，经济科学出版社 1999 年版，第 40~41 页。

[3] 许建文：《中国当代农业政策史稿》，中国农业出版社 2007 年版，第 302 页。

保护价制度是保护农民利益的措施之一，体现出提高农民收入的政策目标，这些被世界贸易组织称为"特定产品支持"的措施，其实施力度也是在世界贸易组织《农业协定》的许可范围之内的，补贴的产值比例没有超出"黄箱政策"规定的10%的比例。

与农产品贸易相关的国内政策的调整是与改革开放以来整个农村经营体制和农业政策的改革混杂在一起的，要将其彻底分割清楚是比较困难的。但是，有关农产品生产的优惠政策和农产品国内流通政策的改革，不管是不是能够直接作用于农产品对外贸易，其目标都是与农产品外贸政策保证粮食安全、促进农业发展和提高农民收入等目标是一致的，而且，国家控制的弱化以及农产品流通领域的市场化，也都为农产品外贸政策与国际规则接轨打下了良好的基础。

4.2.3 边境政策的调整

长期以来，由于相对封闭条件下较少地受到国际贸易规则的约束和规范，农产品对外贸易尤其是粮食对外贸易一直保留着国营体制，关税水平比较高且非关税壁垒相对较多。伴随着中国工业化的经济环境从相对封闭状态过渡到相对开放状态，贸易政策从相对封闭条件下的保护政策走向有限开放条件下的保护政策，农产品对外贸易的边境政策也适应这些调整而不断地进行改革。在这个过渡阶段，边境政策体现出目标多元化的特点，一方面没有放弃对农业和农民利益的保护以及对粮食安全的关注，另一方面为了加入世界贸易组织谈判的顺利进行，也比较注意向国际规则靠拢，在关税水平和非关税壁垒等方面进行了适当让步。我们分进口方面和出口方面来考察。

4.2.3.1　市场准入

（1）进口关税减让。随着中国工业化经济环境的变化和经济发展战略的调整，中国外贸政策逐步向适应开放经济条件的方向转变，尤其是 1986 年 7 月中国提出"复关"的要求后，以关税政策为代表的外贸政策开始向关税和贸易总协定（后来是世界贸易组织）倡导的自由贸易方向调整，作为关税总协定诸多协议与规则的一部分，农产品贸易方面的协议与规定成为中国农产品外贸政策调整的重要指针之一。如表 4-7 所示，从 20 世纪 80 年代下半期到 2001 年，中国关税改革的突出特点是减让进口关税，尤其是进入 90 年代以后，基本上每年都会对关税税率进行大规模的调整，在农产品关税方面也基本保持降低进口税率和缩小征税范围的趋势。但是，相对于工业产品和其他产品而言，农产品关税减让的幅度还比较小，尤其是对粮食和棉花等重要农产品的关税减让非常谨慎，原因一方面在于农产品关税税率本来就比其他产品低，另一方面在于国家对农产品贸易的保护意图，而保护的初衷，无非是出于农业和粮食安全以及提高农民收入等方面的考虑。

表 4-7　1987~2001 年关税与农产品关税调整情况

时间	关税调整情况	农产品关税调整情况
1987~1991 年	通过 18 次关税调整，共降低了 83 个税目的税率，至 1992 年，中国关税平均税率变为 32.7%，其中普通税率和优惠税率分别调整到了 8%~270% 和 2%~220% 的范围内	1987 年农业名义关税率为 37.7%。调整使国内供应不足的动植物良种、饲肥料以及一些食品及食品原料的进口税率得以减免
1992~1995 年	主要经历了 1992 年 1 月 1 日、1992 年 12 月 31 日、1993 年 12 月 31 日和 1994 年 1 月 1 日、1995 年 3 月 1 日 4 次大规模的税率调整，进口关税平均水平从 1992 年的 42.5% 降至 1995 年的 35.6%	1995 年烟酒等产品参与了进口关税减让，其余农产品关税率基本不变，农产品名义关税率基本上保持在 34% 左右

续表

时间	关税调整情况	农产品关税调整情况
1996~2001 年	主要经历了 1996 年 4 月、1997 年 10 月、1999 年 1 月、2000 年 1 月和 2001 年 1 月 5 次关税调整，其中 1996 年的调整是新中国成立以后规模和范围最大的一次。该期末，关税总水平降至 15.35%	进口关税减让对象仍以国内供应不足的农产品为主，如动物油脂类产品和植物油籽等工业原料类农产品，另外对资源性产品、海水产品和林业产品也进行了小幅度的减税。农业整体关税率下降幅度比较大，如 1994 年 4 月和 1997 年 10 两次调整分别使农业名义关税率降至 27.2% 和 17.2%，2001 年调整使平均进口关税降为 19%

资料来源：中华人民共和国商务部：《中国农产品出口分析报告 2009》，2010 年，第 12 页。任寿根：《WTO 与中国关税政策》，《管理世界》2000 年第 6 期；杨圣明：《中国关税制度改革》，中国社会科学出版社 1997 年版，第 167~172 页。

需要注意两个问题：第一，农产品关税税率降低只是总的趋势，并不是每次关税率的调整都会带来所有种类农产品关税税率的降低，个别年份农产品进口税率可能会上升，例如 1993 年对烟草等农产品的进口税率就高于往常。第二，1996 年关税配额政策开始实行后，虽然配额内的关税水平不高，但是配额外关税税率往往达配额内关税税率的数倍，例如，在小麦、大米和玉米等主要粮食类产品中，最高配额外关税税率曾高达 114%，而配额内关税税率仅为 1%~3%。[①]

（2）非关税进口壁垒。进口关税配额与进口许可证是常见的数量限制工具。1996 年 4 月 1 日，中国开始对主要粮食作物、棉花和油料作物等农产品实行关税配额制度，规定了一定的配额量并实行税率差异悬殊的配额内关税和配额外关税。[②] 进口许可证制度也是一项重要的进口数量限制措施，它往往与进口关税配额结合使用，除酒类产品、粮食作物和植物油外，食糖、

[①] 经济合作与发展组织：《中国农业政策回顾与评价》，中国经济出版社 2005 年版，第 151 页。
[②] 主要粮食作物包括小麦、大豆、玉米、大米（包括长粒米、短粒米）。

棉花、羊毛、烟草类产品和天然橡胶等农产品也被纳入了进口配额制度的适用范围。

其他非关税壁垒主要包括检验检疫和技术性壁垒。对进口农产品进行检验检疫的目的主要是为了保证食物安全，措施包括法定商品检验、动植物检疫和食品卫生检验几类，这些措施都是中国食物安全框架的重要组成部分。在加入世界贸易组织之前，中国即开始对进出口农产品进行食品安全方面的监管，农业部、卫生部、对外经济贸易部（1993 年 3 月更名为对外经济贸易合作部）、国家食品药品监管局和国家质量监督检验检疫总局组成了食品安全方面的国家级监管体系。虽然早在 20 世纪 80 年代卫生部等部门即开始系统监测出口农产品安全方面的数据，尤其是加强了出口农产品生产环节的安全管理，但是直至加入世界贸易组织前，中国的食品安全政策并不十分有力。不过，总的来说，食品安全这个目标在农产品外贸政策目标体系中越来越突出。

4.2.3.2　出口干预政策

农产品出口干预政策的改革主要包括出口许可证制度、出口补贴、出口退税和出口加工的税收减免几个方面。到 20 世纪 90 年代早期，实行出口许可证制度的农产品主要包括大米、玉米、大豆及豆粉等粮食作物及其制品以及茶叶、生丝、棉花和花生等经济作物，90 年代后期一些禽畜类农产品也逐渐加入出口许可证制度管理的行列。

出口补贴和出口退税属于出口促进政策。各国出口促进的做法主要包括对出口某些商品的企业和行业进行补贴或奖励、退还部分增值税以及在信贷和其他方面提供优惠等，这里主要讨论前两个方面。出口退税是对出口商品的增值税按一定比例进行返还的政策，它是调节出口数量的重要贸易政策工具，在农产品贸易方面，往往被用作调整某种产品供需平衡的暂时性政策，因此，在退税率方面具有多变性。例如，1995年为了解决国内食用糖的短缺困境，中国取消了食用糖的出口退税，1998年度过短缺时期之后立即将退税率恢复到了9%。1994年之前农产品出口退税政策实行产品税制而非增值税制，因而征税率偏高，加之农产品的出口退税率相对于其他产品偏低，曾长期保持在5%的水平上，所以增加了农产品的出口成本，在一定程度上对农产品出口数量的增加和结构优化产生了不利影响。而1994年农产品征税制度由产品税制度转为增值税制度后，农产品出口退税曾一度实行增值税全额退税，但由于财政压力等原因几经反复，最终形成5%和13%两档退税率。

关于出口补贴，有数据显示，仅1986年、1987年和1988年三年时间，中国对农产品出口的补贴额就累计达到了12.9亿美元，在水平上高于出口补贴数额偏高的美国。[1]虽然中国在1991年就取消了外贸企业的财政补贴，但是在加入世界贸易组织之前，为了缓解玉米和大米供大于求导致的价格下行压力，曾对这两种农产品进行了一定程度的出口补贴。例如，1999年每出口1千克玉米补贴3.68元，2001年每千克玉米补贴3.78元。[2]

总之，边境政策进口方面的基本政策趋势是逐步降低进口关税壁垒和非关税壁垒，出口方面基本政策趋势则是通过出口退税、出口补贴鼓励某些农产品的出口，同时运用出口许可证

---

① 龙永图主编：《入世与农产品市场开放》，中国对外经济贸易出版社2000年版，第107页。
② Gale, Fred（2002），"China's Corn Export: Business as Usual, Despise WTO Entry". Economic Research Service/USDA, Washington, DC. [Online]. Available at www.ers.usda.gov/publications/fds/dec02/fds1202-01/fds1202-01.pdf.

等手段限制国内供应不足的农产品的出口。从农产品的种类来看，对粮棉等重要农产品限制比较严格，对某些具有比较优势的农产品实行鼓励出口政策。

4.3　农产品外贸政策的特点、问题与绩效

20 世纪 80 年代中期，中国工业化步入了中期，与经济体制改革和经济对外开放的环境相适应，工业化战略从优先发展重工业的"赶超"战略调整为具有平衡发展性、有限开放性的比较优势战略。具有协调性、有限开放性的比较优势战略改变了农业相对于工业的附属地位，使农产品对外贸易摆脱了"创汇"的角色且注重向国际规则靠拢，也使农产品对外贸易给中国农民带来了实实在在的利益。

4.3.1　"创汇型"农产品外贸政策发生转变

中国工业化初期的重工业优先发展战略，其重要的实施原则之一是农业支持工业，在这个原则的约束下，中国农业变成了工业尤其是重工业的附属部分，其发展的最终目标是支持重工业的发展，相应地，农产品外贸政策也被扭曲了。随着工农业地位的转换，20 世纪 80 年代中国的工业化战略已经摆脱了重工业优先发展的思路，正因如此，农业的地位也发生了改变，发展农业的目的逐渐回归到农业发展和农民利益方面，农产品外贸政策摆脱了"创汇"的任务，更加注重促进农业健康发展和提高农民收入。

农产品对外贸易的"创汇"角色并不是戛然而止的，而是有一个过渡的过程，这一点可以从农产品对外贸易创汇量的变化情况来考察。需要注意的是，农业的外汇贡献并不仅仅包括创汇一个方面，努力实现农产品自给自足从而减少农产品进口所节约的外汇，也是外汇贡献的重要方面。这里我们以农产品贸易差额占总贸易差额的比重来考察农产品贸易带来的外汇数量的变化趋势。实际上，从新中国成立到2001年，中国的农产品贸易一直保持了顺差，而且其贸易额总体呈增长态势，但是，由于中国总贸易额增长得更快，所以农产品贸易净出口额占总净出口额的比重越来越小，这在一定程度上反映出农产品贸易创汇功能的弱化。在1984年以前，中国农产品贸易额占总贸易额的比重虽然也在不断下降，从改革开放前40%以上逐步减少到20世纪80年代初的30%左右，但这个比例仍然是比较大的。如表4-8所示，到1987年农产品贸易额比重下降到了20%以下，到20世纪末21世纪初，更是下降到了6%以下，这意味着农产品贸易在中国整个对外贸易中的重要性已经大大下降。从农产品净出口额占总净出口额的比重来看，20世纪90年代中后期，这个比重已经下降到20%以下，农产品贸易顺差对总贸易顺差的贡献同之前相比已经大大减少。农产品进出口贸易地位的下降，意味着农业创汇功能的弱化，其原因在于：第一，工业化推进过程中工业和服务业地位的上升以及农业地位的下降，使对外贸易的产品结构发生了变化；第二，随着工业化战略的转变，扭曲的"创汇型"农产品外贸政策不断得到调整。

表 4-8 1984~2001 年农产品进出口贸易状况

单位：亿美元，%

年份	农产品进出口额	农产品进出口比重	农产品净出口额	农产品净出口比重
1984	156.49	29.2	60.23	+
1985	173.92	25.0	56.08	+
1986	182.82	24.8	90.66	+
1987	150.63	18.2	23.11	+
1988	197.37	19.2	11.75	+
1989	208.61	18.7	6.53	+
1990	192.30	16.7	20.68	23.7
1991	201.12	14.8	26.70	33.2
1992	219.96	13.3	26.26	60.4
1993	137.74	7.0	66.13	+
1994	190.45	8.0	59.09	+
1995	238.13	8.5	7.11	4.3
1996	227.25	7.8	22.88	18.7
1997	224.43	6.9	36.39	9.0
1998	197.25	6.1	44.35	10.2
1999	189.52	5.3	42.19	14.4
2000	269.70	5.9	44.3	18.4
2001	279.40	5.5	42.4	18.8

注：农产品净出口额占农产品总出口额比重为"+"的年份，总出口额为"–"。

资料来源：1984~1999 年数据根据历年《中国统计年鉴》和《中国农业年鉴》整理得出，转引自孙东升：《经济全球化与中国农产品贸易研究》，中国农业科学院博士学位论文，2001 年，第 43 页。2000~2001 年农产品贸易数据来自中华人民共和国统计局网站，http：//www.moa.gov.cn/tjsj/pages/zonghe_jdsj_1-1%20，农产品进出口年度总值表.html；总进出口额数据来自于《中国统计年鉴 2002年》，《表 17-3 进出口贸易总额》，中华人民共和国统计局网站，http：//www.stats.gov.cn/yearbook2001/indexC.htm。

4.3.2 农产品贸易保护方面存在的问题

20 世纪 80 年代，中国开始探索开放条件下的经济发展路径，工业化虽然摆脱了"赶超"的思路，将经济对外开放纳入战略框架之中，但由于这个阶段的对外开放仍然是有限程度的开放，所以此时的工业化战略是有限开放的战略。有限开放的特点体现在对外贸易政策方面，就是一定程度的保护倾向，农产品外贸政策作为外贸政策的一部分也具有这种倾向。

农产品外贸政策对农业的保护体现在国内政策的支持和边境政策对进出口贸易的干预方面。农产品对外贸易的国内政策支持实际上是对农业的支持。国际上，对农产品贸易的国内支持程度通常以经济合作与发展组织的一套农业支持指标来度量，在这套指标中，总支持估计量（TSE）比较全面地衡量了国内农业政策支持农业的货币数额。表4-9列出了1993~2001年中国的TSE数值及其占GDP的比重，其中，1994~2001年TSE占GDP的比重在1.1%~3.4%波动，与其他主要农业国相比是比较高的，仅次于土耳其和韩国居第三位，但是造成TSE数值较高的原因主要在于对农村和农业基础设施、农业研发、农民培训和检验检测等一般服务的支持力度比较大，不过，这些支持对农产品贸易扭曲程度比较低。在农产品生产资料和农产品价格方面对农民的直接补贴虽然有限，却容易产生贸易扭曲效应，在这个方面中国农产品外贸政策离世界贸易组织的农产品贸易规则的要求还是有一定的差距。边境政策方面，直至20世纪90年代，中国还在运用大量扭曲性政策，以进口方面的关税配额为例，虽然中国关税配额涉及的农产品种类并不多，但是涉及配额的农产品进口额占农产品进口总额的比例却非常高。例如，虽然1998年、1999年、2000年仅有15种农产品的进口适用关税配额，但是，每年这些农产品的进口额都超过了农产品总进口额的 60%。① 实际上，考虑到农业税及工农业剪刀差的存在，中国在加入世界贸易组织之前的农业保护水平实际上是负值，这也是国内许多研究者一致同意的观点。这样看来，中国农产品外贸政策领域存在一个比较有趣的现象：虽然国内政策对农业的总保护水平为负，但是却存在较多的与国际农产品贸易规则相抵触的边境贸易保护措施。解决这个矛盾，将是加入世界贸易组织之后中国农产品外贸政策面临的主要挑战之一。

表 4-9　1993~2001 年中国农业总支持估计量

年份	TSE（亿元）	TSE/GDP（%）
1993	−661.68	−1.9
1994	836.42	1.8
1995	1992.56	3.4
1996	1223.30	1.8
1997	1394.46	1.9
1998	1592.01	2.0
1999	886.05	1.1
2000	2425.22	2.7
2001	3224.37	3.3

资料来源：OECD PSE/CSE 数据库 2005，转引自经济合作与发展组织：《中国农业政策回顾与评价》，中国经济出版社 2005 年版，第 107 页。

总之，在有限开放的经济发展战略约束下，农产品外贸政策必然同总的外贸政策一样，是有限开放的保护贸易政策。对农业和农产品贸易进行保护，是包括发达国家在内的多数国家的普遍做法，这种做法对于保护本国农业发展尤其是农民利益具有重要作用，但是，同世界贸易组织倡导的农产品贸易规则

---

① 张莉琴：《我国农产品的进口关税水平及税率结构安排》，《中国农村经济》2005 年第 7 期。

相比，保护性的农产品外贸政策会对农产品贸易产生扭曲效应，还需要在经济的进一步开放和履行入世承诺的过程中进一步调整，以便在符合国际农产品贸易规则的前提下提高对农业和农民利益的保护水平。

4.3.3　农产品对外贸易的发展及其对农民增收的作用

农产品外贸政策对农产品对外贸易具有数量和结构两个方面的影响。在数量方面，1984~2001 年农产品进出口总额从156.49 亿美元增加到了 279.40 亿美元，如表 4-8 所示；农产品出口总额方面，最低年份 1987 年出口额为 86.9 亿美元，最高年份 2001 年出口额为 160.9 亿美元，其余年份出口额均在 101.9亿~157.0 亿美元浮动。从数量上来看，农产品对外贸易额有所增加，但是与工业产品相比增长速度比较慢。农产品贸易结构方面的变化体现出以比较优势为基础的资源优化配置趋势。中国虽然是劳动力大国，但是随着工业化的推进，劳动力价格不断提高，劳动集约型的农业行业逐渐成长为具有竞争优势的行业。在市场力量的引导下，中国也越来越集中于生产劳动力集约型的产品，尤其是水产品和园艺产品。与 20 世纪 80 年代中期相比，20 世纪末，水产品、蔬菜和水果等园艺产品净出口额大幅增长，同时，糖、谷物和烟草类产品的贸易也由逆差转为顺差。另外，油料、饲料贸易则由顺差改为逆差，橡胶等一些原料类产品的净进口数额也比较大。在结构方面，农产品对外贸易的变化还表现为农业内部甚至涉及其他产业的产业升级态势或产品升级态势，如扩大饲料进口以支持畜牧业和渔业的发展，进口原料以替代加工品的进口，等等。这一变化不仅有利于农民收入的提高，还有利于中国农产品竞争力的提高。

农产品对外贸易的上述变化，对促进农业发展和提高农民收入产生了积极影响。就农产品出口对农村就业和农民收入的影响而言，据程国强（2004）测算，2000 年和 2001 年农产品出口在农业部门产生的就业岗位分别为 3025.64 万个和 2951.24 万个，使农民人均纯收入分别增加了 8.64 美元和 10.41 美元，提高幅度分别为 3.41％和 3.94％，对农民增收贡献率分别为 28.58％和 16.70％（见表 4–10）。可见，农产品出口对提高农民收入的作用不可小觑。另外，农产品贸易结构的变化和通过贸易进行的产品升级也是提高农民收入的重要因素。

表 4–10　农产品出口产生的就业岗位及其对农民收入的影响

类别	2000 年	2001 年
农产品出口产生的农业就业岗位（万个）	3025.64	2951.24
农民人均纯收入增加额（美元）	8.64	10.41
农民人均纯收入增加比重（％）	3.41	3.94
农产品出口对农民增收的贡献率（％）	28.58	16.70

资料来源：程国强：《中国农产品出口增长、结构与贡献》，《管理世界》2004 年第 11 期，第 85~96 页。表 15《农产品出口产生的就业（万个）》；第 93 页，表 16《农产品出口形成的关联部门工资收益》。

总而言之，在这一阶段的农产品外贸政策的影响下，中国农产品对外贸易在数量和结构方面都发生了变化，农产品进出口额不断增长而结构不断优化，这些变化对提高农民收入起到了重要作用。另外，促进产业和产品升级的农产品结构变化对中国农产品竞争力的提高和农业的健康发展也不无助益。

4.4 本章小结

本章讨论的是 20 世纪 80 年代中期到 2001 年这段时间内的中国农产品外贸政策。第 1 节介绍的是工业化进入中期后的战略转变、农业和对外贸易方面的政策变化及影响农产品贸易政策的新问题；第 2 节讨论的是农产品外贸政策目标及具体的政策内容；第 3 节对该阶段农产品外贸政策的特点、绩效和问题进行了评析。概括而言，20 世纪 80 年代，随着经济体制改革的起步，中国的工业化从相对封闭环境走向逐步开放的环境，工业化战略发生了重要的转变，从优先发展重工业的不平衡发展战略转变为农轻重协调发展的平衡发展战略；与对外开放的步伐同步，以加入世界贸易组织从而扩大经济开放度和在更广的范围内参与世界分工为目的，新时期的工业化战略被赋予了开放性；另外，走出"赶超"阶段的工业化战略实际上也是一种比较优势战略。具有协调性、有限开放性的比较优势战略改变了农业相对于工业的服务地位，使农产品对外贸易摆脱了"创汇"角色而具有多元性的目标，使政策调整越来越注重向国际规则靠拢，也使农民收入水平得到了提高。

第5章
中国工业化中期的农产品外贸政策
（2002年至今）

本章讨论的是中国工业化中期第二阶段（2002年至今）的农产品外贸政策。21世纪初，中国的工业化推进到从中级阶段向高级阶段过渡的时期，为适应更加开放的经济条件和解决国内各种经济问题，中国确立了新的工业化战略——统筹发展战略。在统筹发展战略的指导下，中国在实施"多予、少取、放活"的农业农村政策的同时，积极履行加入世界贸易组织时的承诺，在农产品外贸政策方面进行了全面调整。调整后的中国农产品外贸政策，既有积极作用，也存在着不容忽视的缺陷。

5.1 统筹发展战略下的农业农村政策与履行"入世"承诺的义务

21世纪初，处在中期的中国工业化进入了从中级阶段向高级阶段过渡的时期，经济对外开放程度的加深和国内各种结构性问题的困扰，使中国的工业化战略由比较优势战略进一步演变为统筹发展战略，这是一个经济环境更为开放状态下的工业化战略。在统筹城乡发展战略的指导下，中国的农业农村政策正式走向多予少取的阶段，提高农民收入成为政策的中心；在统筹国内发展和对外开放要求的指导下，中国积极面对入世冲击，履行入世承诺。这些方面，共同构成了 2002 年以来农产品外贸政策调整的背景。

5.1.1 统筹发展的新工业化战略

21 世纪初，中国的工业化进入了从中级阶段向高级阶段过渡的时期，这是一个经济稳定增长的新时期，"结构调整成为新阶段经济发展的主题"。[①] 在这个工业化的新阶段，比较优势战略逐渐为新的工业化战略所代替。重工业优先发展战略之后的中国工业化战略，是一个具有协调性（平衡性）、开放性和遵循比较优势的经济发展战略。按照林毅夫等（1996，1998，1999，2004）的论述，经济发展过程除了拥有经济增长速度、产业结构、技术和积累率等内生变量外，还包括经济发展战略和要素禀赋两个重要的外生变量，经济发展战略有遵循比较优势和违背比较优势之分，而比较优势决定于要素禀赋；改革开放以来中国工业化进展顺利正是因为摒弃了违背比较优势的重工业优先发展战略而实行了比较优势战略。比较优势战略的成功实施是以经济的市场化为前提的，经济市场化不仅包括国内经济体制改革，还包括经济对外开放，因此工业化战略的开放性是隐含于遵循比较优势这个特点之中的。中共十四大将建立社会主

---

① 梁炜、任保平：《中国经济发展阶段的评价及现阶段的特征分析》，《数量经济技术经济研究》2009 年第 4 期。

义市场经济体制确定为经济体制改革的目标，从而加快了经济市场化的步伐，也有利于比较优势战略的推进。关于工业化战略的协调性特点，比较优势战略下的各个产业的协调发展，必然是在遵循要素禀赋优势基础上的协调发展，不过，比较优势基础上的协调发展往往单纯着眼于产业结构的变化，通常与人民大众要求的发展是不完全相同的，甚至存在很多不利于工业化推进的问题。

　　比较优势战略是以市场化推进工业化的战略，不过从中国的实践来看，到 2002 年，比较优势战略的推行并未使中国的市场化得以完成，反而在经济转型过程中暴露出了许多问题，增加了工业化推进的难度，这突出表现为几个"结构"问题：第一，产业结构问题。如表 5-1 所示，自 20 世纪 80 年代中期到 21 世纪初期，第二产业始终是中国国民生产总值中比重最大的产业，而且其比重一直保持在 40% 以上，甚至有上升的趋势；第三产业缓慢上升，与其他国家相比偏低；第一产业比重偏高，仍在 15% 左右。如表 5-2 所示，根据世界银行的统计，2000 年世界范围的国内生产总值中第一、二、三产业之比为 3.9：29.5：66.7，而中国为 14.8：45.9：39.3，第一、二产业比重明显高于世界水平，而第三产业比重则偏低，甚至低于低收入国家的平均水平。第二，人口与就业结构问题。在农业国向工业国的发展过程中，人口从乡村向城市转移、就业从第一产业为主向第二和第三产业为主转变是普遍的趋势。从表 5-3 所提供的数据来看，20 世纪 80 年代中期至 21 世纪初中国的人口与就业结构保持了向城市和第二、三产业转移的趋势，但是转移的速度比较慢。至 2001 年，大部分人口仍然是农村人口，而第一产业就业人数仍然居高不下，还在 50% 左右徘徊。人口与就业结构问题，是中国城乡发展不协调的表现之一，21 世纪初中国城乡差距已经远远高于世界平均水平和发展中国家的平均水平。第三，区域平衡发展问题。对外开放政策的实行使东部地区同时占据地理优势和政策优势，发展速度高于中、西部地区，拉大了与中、西部的差距。从人均 GDP 来看，1980 年东、中、西部人均 GDP 之比为 1：1.53：1.80，1990 年变为 1：1.62：1.90，而 2002 年则进一步扩大为 1：2.08：2.63。可见，20 世纪 90 年代以后中国东部与中、西部发展差距不断加大。[①] 从西部 12 个省份合计国内生产总值占中国国内生产总值的比重来看，2001 年仅为 17.1%。[②] 另外，随着工业化的推进，如何在经济发展过程中保护好资源环境、如何在对外开放和贸易自由化进程中发展本国经济也成为不可忽视的问题。

表 5-1　中国国内生产总值产业结构

单位：%

年份	第一产业	第二产业	第三产业
1985	28.4	43.1	28.5
1990	27.1	41.6	31.3
1995	20.5	48.8	30.7
2000	14.8	45.9	39.3
2001	15.2	51.1	33.6

资料来源：1985 年、1990 年、1995 年和 2001 年数据来自《中国统计年鉴 2002》，《2-4 国民经济和社会发展结构指标》，中华人民共和国统计局网站，http：//www.stats.gov.cn/yearbook2001/indexC.htm；2000 年数据来自《国内生产总值产业构成》，中华人民共和国统计局网站，http：//www.stats.gov.cn/tjsj/qtsj/gjsj/2005/t20060726_402409941.htm。

[①] 国家统计局课题组：《我国区域发展差距的实证分析》，《理论参考》2004 年第 7 期。
[②]《中国统计年鉴 2002》，《2-7 西部 12 省、自治区、直辖市国民经济和社会发展主要指标（2001 年）》，中华人民共和国统计局网站，http：//www.stats.gov.cn/yearbook2001/indexC.htm。

表 5-2　2000 年世界各类国家国内生产总值的产业结构

单位：%

国家（地区）	第一产业	第二产业	第三产业
世界	3.9	29.5	66.7
低收入国家	27.3	26.6	46.1
中等收入国家	10.1	37.0	52.9
下中等收入国家	12.5	38.3	49.1
上中等收入国家	5.0	34.2	60.7
中、低收入国家	12.5	35.5	52.0
高收入国家	1.9	28.1	70.1
中国	14.8	45.9	39.3

资料来源：《国内生产总值产业构成》，中华人民共和国统计局网站，http://www.stats.gov.cn/tjsj/qtsj/gjsj/2005/t20060726_402409941.htm。

表 5-3　中国人口与就业结构

单位：%

指标＼年份	1985	1990	1995	2001
人口（城乡结构）				
城镇	23.7	26.4	29.0	37.7
乡村	76.3	73.6	71.0	62.3
就业（产业结构）				
第一产业	62.4	60.1	52.2	50.0
第二产业	20.8	21.4	23.0	22.3
第三产业	16.8	18.5	24.8	27.7

资料来源：《中国统计年鉴 2002》，《2-4 国民经济和社会发展结构指标》，中华人民共和国统计局网站，http://www.stats.gov.cn/yearbook2001/indexC.htm。

　　以上种种问题的存在，迫使中国开始探索新的发展战略。2002 年，中共十六大提出要"统筹城乡社会经济发展"；2003 年，在十六届三中全会通过的《中共中央关于完善社会主义市场经济体制若干问题的决定》中，提出了社会经济发展"五个统筹"的要求。①"五个统筹"的提出，使中国工业化战略又一次得到调整，从比较优势战略转变为统筹发展战略，更加注重经济发展和工业化过程中的结构性不平衡问题。统筹发展战略是一个蕴含着科学发展观的新型工业化战略，它将协调经济社会内部的短期矛盾和保证经济社会的长期发展统一起来，将各种结构性问题集中在一起全面考虑，有别于"赶超战略"和"比较优势战略"以提高发展速度为中心的思路。统筹城乡发展有助于解决中国工业化进程中的"二元经济结构"问题，这对于工业化的继续推进至关重要；而统筹国内发展和对外开放，是开放条件下工业化的正确方向和必然选择。在统筹发展战略的指导下，中国的农业农村政策不断进行调整，随着贸易自由化的逐步推进，更加注重国内发展和对外开放的统一。

5.1.2 多予少取的农业农村政策

在工业化进程的不同阶段，农业农村政策会随着产业结构和工农业关系的变化而不断发生变化。发达国家和新兴工业化国家的经验显示，工业化进行到中后期，在政府的干预下，往往会实行保护农业的政策或者是反哺农业的政策。例如，美国反哺农业的做法始于 1933 年大危机期间颁布的《农业调整法》，这一法令规定通过价格支持等手段来保护农业和农民的利益；韩国则通过 20 世纪 70 年代开始的新农村建设运动来促进工农业、城乡地区的协调发展。21 世纪初的中国，已经基本具备了反哺农业的条件，农业农村政策的改革势在必行。在重工业优

---

① 即统筹城乡发展、统筹区域发展、统筹经济社会发展、统筹人与自然和谐发展、统筹国内发展和对外开放。

先发展时期，中国农业政策的典型特点就是"多取少予"；随着改革开放和经济发展战略的转变，农业农村的各项政策逐渐发生着改变，"予"呈增加趋势而"取"的渠道走向多元化；21 世纪初，中国人均 GDP 开始超过 1000 美元，工业化从中级阶段向高级阶段过渡，改变农民贫困化的局面成为中国农业农村政策的主要目标，农业政策进入了"多予少取"的阶段。①

随着"统筹城乡经济社会发展"要求和"两个趋向"重要论断的提出，中国长期以来以农支工的政策逐步向城市支持农村、工业反哺农业的政策转变。②针对加入世界贸易组织给农业和农民收入带来的冲击，2002 年 1 月的中央农村工作会议提出了"多予，少取，放活"的农村工作指导思想，自此，农业农村工作围绕调整农业结构、增加农民收入的目标，连年出台了一系列关于农业农村发展的一号文件，实行了一系列有利于发展农业和农村经济、提高农民收入的措施，比较有代表性的是农业农村投入的增加和农村税费制度的改革。农业农村投入方面，通过加大财政支农力度增加农业农村投入，除加大对农业生产的补贴力度外，农村基础设施建设、医疗卫生文化等社会事业也被纳入了公共财政的支持范围内。2002 年中央财政对"三农"（包括减免税费）的投入为 1905 亿元，2005 年增加到 2955 亿元，涨幅高达 55%，2003~2005 年财政支农总额达 7726 亿元。③农村税费制度改革方面，1999 年以前农业税制度的实行一直依据 1958 年颁布的《中华人民共和国农业税条例》，平均税

①③ 郑有贵：《农业养育工业政策向工业反哺农业政策的转变——"取""予"视角的"三农"政策》，《中共党史研究》2007 年第 1 期。

② 胡锦涛在中共十六届四中全会上提出，即："纵观一些工业化国家发展的历程，在工业化初始阶段，农业支持工业、为工业提供积累是带有普遍性的趋向；但在工业化达到相当程度以后，工业反哺农业、城市支持农村，实现工业与农业、城市与农村协调发展，也是带有普遍性的趋向。"

率达 15.5%；为减轻农民负担，2000 年开始实行农业税减免试点工作，2004 年农业税减免政策推广到全国范围。到 2006 年，经过三年的努力，基本取消了农业税。随着税负的减少，农民收入稳定增长，2004~2009 年连续 6 年增长速度超过 6 个百分点。"多取少予"的政策取得了明显的成效。农产品外贸政策与国内的农业农村政策息息相关，农业农村政策取向的转变必然影响到农产品外贸政策，这些政策与农产品对外贸易的入世承诺一起，共同约束着农产品外贸政策的调整。

5.1.3 "入世"承诺及其对农产品对外贸易的影响

自 1986 年 7 月 10 日中国正式提出"复关"申请到 2001 年 11 月 11 日中国签署全部入世文件，中国的"入世"谈判经历了 15 年之久。中国加入世界贸易组织将经济的对外开放推进了一大步，使工业化的经济环境从有限开放转为更加开放。加入世界贸易组织使中国能够在更深广的层次上参与国际分工，对于工业化向更高级阶段发展具有积极意义。同时，贸易的自由化也给中国经济的发展带来了诸多挑战，国际贸易规则的约束迫使政府在贸易政策方面进行相应的改革。加入世界贸易组织后，中国为履行承诺修订了《对外贸易法》（2004），颁布了《货物进出口管理条例》等一系列法律法规，并组建了商务部负责对外贸易工作。

在农产品贸易方面，《农业协议》给中国农业政策尤其是农产品外贸政策带来了调整压力。实际上，农产品贸易在世界贸易组织（原关税与贸易总协定）的多边贸易体制中一直是比较特殊的，曾经长期不受该组织的贸易协议和规则的约束，直至 1995 年乌拉圭回合之前，将农产品贸易纳入关税与贸易总协定管理框架的努力一直没有成功，出于保障粮食安全、增加农民收入等目的，世界各国尤其是发达国家一直以补贴等手段对农业进行高度保护。例如，欧盟、美国和日本长期以来都在实行农业保护政策，用于支持农业发展的财政支出高达政府总支出的 15%，尤其是自 1957 年开始实行共同农业政策的欧盟，1986~1990 年对生产者的支持总量已高达农业国内生产总值的 63.4%，这给财政带来了沉重的负担。① 同时，农业保护政策也使各国在农产品贸易领域纷争不断，尤其是出口国之间摩擦更为频繁，其中以 20 世纪 60 年代之后美国和欧盟的争端最为突出。在 20 世纪六七十年代，美、欧双方虽然进行了肯尼迪和东京两个回合的谈判，但仅仅达成了一个没有实质约束条款的《牛肉协议》和一个并未得到有效执行的《国际奶类协议》；80 年代中期开始，双方进行了一场补贴大战，使国际农产品市场更加扭曲和混乱，世界农产品贸易自由化的推进十分艰难。在这样的背景下，1986 年关贸总协定部长级特别大会在确定乌拉圭回合谈判的议题时，各国一致同意将农业贸易问题作为中心议题。乌拉圭回合农业谈判以减少保护和实现农产品贸易自由化为目标，涉及国内支持、市场准入和出口竞争等所有影响农产品贸易的措施。长达 8 年的谈判所达成的协议构成了关贸总协定乃至后来世界贸易组织农业贸易规则框架的关键内容。协议提出了农产品贸易的国际规则及有关改革方案，对各成员国及有意加入该组织的国家从减少国内支持和出口补贴、降低市场准入条件等方面提出了比较具体而明确的要求。主要内容可以概括为：市场准入方面，要求实行关税化，降低非关税壁垒；国内支持方面，

---

① 龙永图主编：《入世与农产品市场开放》，中国对外经济贸易出版社 2000 年版，第 3 页。

削减造成贸易扭曲的支持政策；出口竞争方面，削减出口补贴数量和范围，减少出口限制政策。另外，协议的一个突出特点就是向发展中国家提供别于发达国家的待遇，根据发展中国家的特殊需要和具体国情进行了一定程度的让步，例如在国内支持方面，要求发达国家在 6 年内将国内支持总量削减为 1986~1988 年水平的 80%，而对发展中国家，其年限则放宽为 10 年，削减量降为 13.3% 而非 20%。

世界贸易组织的农产品贸易框架及贸易规则对农产品贸易政策的约束，其本质上就是对农业保护的制约，中国加入世界贸易组织后，必然要受到这种制约。在加入世界贸易组织时，中国在农产品贸易方面进行了相关承诺，这些承诺涉及国内支持、市场准入和出口补贴三个方面，具体内容如表 5-4 所示。中国农产品贸易的入世承诺，成为入世以来农产品外贸政策改革的重要指针，与国际规则接轨的政策目标变得更为突出。

表 5-4　中国农产品贸易"入世"承诺

类别		内容
国内支持		包括农业投资与投入品补贴在内的"黄箱政策"，其国内综合支持量以农产品产值的 8.5% 为上限；特定商品（小麦、玉米、大米和棉花）另外享有 65.12 亿美元的支持空间
市场准入	关税减让	降低农产品总体关税率。至 2005 年，从 21.3%（2000）降至 15.5%；至 2008 年降至 15.1%
	非关税措施关税化	放弃以限制进口为目的的一系列非关税措施，包括有关进口产品数量和质量等方面的限制措施、进口替代做法和其他非关税措施；承诺将大部分农产品关税率调至 10% 到 19%，配额外最高关税限制在 65%
	关税配额	承诺对关税配额的使用量和管理制度进行改革。在承诺取消大豆、大麦、花生油、棉籽油、玉米油、葵花油和花生油的关税配额的同时，保留了对小麦、大米、棉花、玉米、羊毛、食用糖、植物油和天然橡胶等农产品的关税配额管理措施
	动植物卫生检疫	承诺在入世 30 天内，将本国动植物检疫措施的法律法规和措施通知 WTO；检疫标准符合非歧视原则，并尽量采取国际标准

续表

类别		内容
市场准入	特殊保障措施	该措施允许即在进口突然增加或价格低到规定水平时征收进口附加税，中国实际放弃了这项权利
	农业服务	承诺允许在农林牧渔的附属服务领域设立合营企业，但不允许外资控股
出口补贴		承诺不晚于入世之日取消价格补贴、实物补贴等形式的一切出口补贴，且不享受发展中国家的差别待遇（免予减让出口补贴）

资料来源：李秉龙、乔娟、王可山：《WTO 规则下中外农业政策比较研究》，中国农业出版社 2006 年版，第 206~212 页。

　　小规模经营的农业生产导致的高生产成本、农业国内支持水平的有限以及放弃农产品贸易特殊保障条款的做法，使加入世界贸易组织后的中国农业面临着挑战：小麦、玉米等国内价格高于国际价格的大宗农产品将会面临进口增加的压力而缩减国内生产规模；农产品市场开放造成的价格下跌问题和国外高质量标准的约束将在一定时期内影响农民收入；入世承诺对农产品贸易国内支持政策的限制将使国内支持政策受到约束。以上种种可能的挑战，都促使中国农产品外贸政策在目标和内容方面进行调整。

5.2　"入世"后农产品外贸政策目标与
内容的变化

　　从 2001 年 11 月 11 日开始，加入世界贸易组织时的承诺成为中国农产品外贸政策改革的重要约束条件。在这个条件的约束下，农产品外贸政策的目标体系在内容上并没有发生重要变化，只不过农产品市场的开放使保障粮食安全、提高农产品国际竞争力等目标的地位更为突出；同时，随着工业化的推进，提高农民收入的任务依然严峻，农业领域的环境保护问题也逐渐成为政策的关注点。在这些目标和入世承诺的限制下，国内政策和边境政策都发生了显著的变化。

5.2.1 "入世"后农产品外贸政策的目标

20 世纪 80 年代中期以来，中国农产品外贸政策的主要目标从以保证粮食供给和增加外汇收入为主转变为一个包括保证粮食安全和食品安全、增加农民收入和与国际规则接轨、提高农产品国际竞争力的多元目标体系。这是一个相对稳定的政策目标体系，在中国加入世界贸易组织之后也并没有大的改变，只是某些目标的重要性提高了：

（1）保障粮食安全。中国人多地少的矛盾在短期内是不会改变的，在自然因素和工业化、城市化等人为因素的影响下这个矛盾可能还会不断激化，这就给粮食安全工作带来了巨大的压力。1998 年之后，中国粮食产量连年下降，这使得粮食安全问题更不容忽视。所以，2001 年之后，中国政府对粮食安全的重视程度并没有减少，保证粮食自给仍然是其主要的政策焦点。

（2）提高农民收入。从事农业生产、在农村工业工作以及到城市中打工是中国农民的主要收入来源，但是，20 世纪 90 年代后半期，某些农产品减产或价格下跌、乡镇企业发展因受管理和技术水平等因素约束而发展缓慢、进城打工工作机会和收入不稳定这些因素共同导致中国农民收入增长速度降低，城乡收入差距不断扩大。随着城乡发展差距的加大和"三农"问题的凸显，到 21 世纪初，提高农民收入越来越成为政府要着力解决的问题，与其他各种农业农村政策一样，农产品外贸政策必然要考虑提高农民收入这个目标。

（3）与国际农产品贸易规则接轨。按照农产品贸易的入世承诺，中国需要改革具体的农产品外贸管理制度，在国内政策和边境政策方面也都要进行相应的调整以尽快与国际农产品贸易规则接轨。可以说，与国际规则接轨是中国入世以来农产品外贸政策的重要目标之一。

（4）农业产业结构升级和提高农产品国际竞争力。中国农业是一种分散的小规模农业，这一特点决定了其无法享受大规模生产带来的高生产率，从而使中国农产品在国际市场上缺乏价格优势；为了追求高产，生产中过度施（使）用农药、化肥和抗生素，这又带来中国农产品质量方面的劣势。在农产品市场相对封闭的条件下，价格和质量上的劣势表现得尚不那么突出，但是在农产品市场走向开放的时候，必然会给农产品出口带来很大困难。2001 年，中国如愿加入了世界贸易组织，但此举在一定时期内会给中国经济带来外部冲击，在农业方面，农产品市场的开放使中国农产品的劣势充分显现出来，因而提高农产品国际竞争力这一目标在农产品外贸政策目标体系中的地位明显上升。

（5）环境保护。与统筹发展战略的统筹人与自然协调发展的要求相适应，环境保护目标也被纳入农产品外贸政策体系之中。随着工业化的推进和生产的发展，人与自然环境的矛盾也逐渐显现出来，在农业方面，化肥等农业化学品的污染情况以及农业导致的水土流失情况越来越严重，这使政府不得不重视土地资源和水资源的可持续利用。这样，在农产品生产方面，政府鼓励生产自然资源集约型的产品，在贸易方面对此类产品的出口进行限制并鼓励其进口。

总之，2001 年之后的中国农产品外贸政策目标体系基本维持了 20 世纪 80 年代中期以来的状态，在粮食安全方面仍没有懈怠，对提高农民收入、提升农产品国际竞争力和与国际规则接轨等目标都予以更多重视，还提高了对环境保护的关注度。由于这一时期同时也是中国履行加入世界贸易组织时承诺的关键时期，所以农产品外贸政策调整的突出特点就是履行入世承诺，正是在履行入世承诺的政策调整中，以上目标被综合考虑并合理协调。

5.2.2　国内政策的调整

农产品外贸政策的国内政策部分实际就是《农业协议》中的"国内支持"政策，主要包括绿箱政策和黄箱政策。[①] 在重工业优先发展的时期，中国通过农产品统购统销等政策将农业剩余转移到工业中，对农业的支持和保护无从谈起；在工农业协调发展的比较优势战略时期，以农产品价格支持为主要特点的保护政策逐渐取代了农业剥夺政策，但是，与世界其他国家相比，中国的国内支持水平偏低：第一，绿箱支持呈不断扩大趋势，但规模与美、日、欧相比仍有较大差距，例如，1996~1998 年绿箱补贴分别为美、日、欧 1997 年的 35.7%、89.7%和 87.6%，年均 183 亿美元。在绿箱支持中，政府一般服务所占比重很高，1996~1998 年平均达到 52%；粮食安全储备约占绿箱支持的 1/4；

---

① 乌拉圭谈判确定按照贸易扭曲程度由强到弱的次序将国内支持政策分为红箱政策、黄箱政策、绿箱政策和蓝箱政策四类。红箱政策为严禁政策，尚无内容；黄箱政策是扭曲较大而需要削减的政策，其支持水平以综合支持量 AMS（Aggregate Measurement of Support）衡量；绿箱政策和蓝箱政策都可以免予削减，前者指的是扭曲性较小或没有扭曲性的政策，后者指与限产相联系的支付政策。各国实践中，常见的是黄箱政策和绿箱政策。

较为关注自然灾害的救济。[①] 第二，与绿箱支持水平相比，中国的黄箱补贴水平更低，长期处于负补贴状态，但 20 世纪 90 年代以来大米、玉米、小麦和棉花等特定农产品的负保护程度有所降低。实际上，中国入世以后无须承担减让国内支持的任务，因为世界贸易组织规定的中国基期（1986~1988 年）的 AMS（综合支持量）是负值。尽管如此，入世后的国内支持政策仍然在以下两个方面发生了重要变化：第一，农业税和农业特产税予以取消；第二，直接补贴政策框架得以建立，即从以补贴流通领域为主转为以补贴生产领域为主，综合补贴和专项补贴相结合。

5.2.2.1　进行农村税费制度改革

在中国，农业税是一个历史悠久的税种，在优先发展重工业的新中国成立初期，中国延续了征收农业税的政策，农业税收成为国家财政的主要来源并为支持工业的发展做出了贡献，但是，农业税收一直是农民的主要负担之一。到 20 世纪 90 年代后期，农民负担问题因农民收入增长缓慢而更为突出，农村税费制度改革呼之欲出。自 2000 年 3 月决定进行改革试点工作到 2006 年 1 月 1 日正式取消农业税，农村税费制度改革经历了正税清费的"减轻、规范、稳定"阶段（2000~2003 年）和逐步取消阶段（2004~2005 年）。如表 5-5 所示，第一阶段的工作主要是在安徽、江苏等省进行减轻农业税试点工作，进而将试点扩大到全国各省市；第二阶段是 2004 年加大了改革力度并决定在五年内取消农业税，当年还取消了除烟叶以外的农业特产税；在 2004 年黑龙江、吉林两省降低或取消农业税试点的基础上，

---

① 程国强：《在"绿箱"与"黄箱"中做文章——透视中国农业补贴》，《中国改革》2001 年第 9 期。

2005 年鼓励各省自主设立改革试点，并在全国范围内取消牧业税；2005 年 12 月 29 日十届人大常委会第十九次会议通过决议，决定废止 1958 年制定的《农业税条例》，自次年 1 月 1 日起执行。农业税、牧业税、屠宰税和农业特产税的取消与"费"的取消以及其他配套改革一起，构成了农村税费制度改革的全部内容，改革虽然给财政带来了一定的困难，但使全国农民税负减少了 1250 亿元左右，仅农业税和农业特产税即减少了约 300 亿元，平均每个农民减少农业税赋 140 元。[①] 与农产品国际贸易相联系，农业税的取消，对于降低农产品的生产成本从而提高出口农产品的国际竞争力具有积极意义。

表 5-5 农村税费制度改革进程

阶段	内容
"减轻、规范、稳定"阶段	2001 年 3 月，决定开展税费改革试点工作，首先在安徽省进行
	2001 年，试点从安徽一省扩大到安徽、江苏两省
	2002 年，试点省市增加为 20 个
	2003 年，在全国推广试点工作
逐步取消阶段	2004 年，规定取消农业税的限期为五年；当年，除烟叶以外，其他农产品的农业特产税均被取消
	2005 年，取消牧业税，各省自主进行免征农业税试点工作
	2006 年 1 月 1 日，正式废止《农业税条例》

5.2.2.2 建立直接补贴制度

中国的农业补贴以粮食补贴为主，并且长期以来以对流通环节的企业进行补贴为主，这种补贴属于价格补贴。自 2002 年起，补贴对象逐渐从粮食流通领域转移到生产领域，对农民收

[①] 周应恒、赵文、张晓敏：《近期中国主要农业国内支持政策评估》，《农业经济问题》2009 年第 5 期。

入的直接补贴制度也初步建立起来，内容主要包括"四补贴"：

对粮食生产者的粮食直接补贴和农资综合直接补贴。大规模对粮食生产者进行直接补贴的做法始于 2004 年，在此之前，中国的粮食补贴形式主要是国家储备粮补贴形式和粮食风险基金形式，补贴基本上落在了流通环节。自 2004 年起，一部分原来用于流通环节的补贴开始转为对粮食主产区个体农民、农垦企业等粮食生产者的补贴。当年，国家决定将 100 亿元粮食风险基金用于粮食直补，但实际直补额度已经达到了 116 亿元，使 6 亿左右农民从中受益。[①] 2008 年，粮食直补额已经占粮食风险基金的一半左右，补贴范围基本覆盖全国，主要粮食作物生产者基本都享受直接补贴。农资综合直接补贴始于 2006 年，其目的是补偿农用柴油、化肥、农药等投资品涨价给农民带来的额外生产成本，减轻农业投资品涨价对粮食直补作用的抵消，使农资涨价尽量不影响农民收入。农资综合直接补贴资金直接兑付到农户，渠道与粮食直接补贴一致；其规模增长速度比较快，2006 年首年补贴资金仅为 120 亿元，到 2008 年即增长为 716 亿元。[②] 这两种补贴直接受益者是粮食生产者或生产单位，因而是一种收入补贴，对贸易的扭曲程度很低。

良种推广补贴和农机具购置补贴。为鼓励良种农作物的种植，2002 年中国开始对购买大豆等农作物良种进行补贴，后来，良种补贴逐渐普及到小麦、玉米、水稻等主要粮食作物和油料、棉花等经济作物，补贴地区也超出了在生产上具有优势的地区。到 2010 年底，良种补贴制度已经推广到全国各地的小麦、水

---

① 经济合作与发展组织：《中国农业政策回顾与评价》，中国经济出版社 2005 年版，第 65 页。
② 张红宇、赵长保：《中国农业政策的基本框架》，中国财政经济出版社 2009 年版，第 110 页。

稻、玉米和棉花以及主产区的大豆和油菜等作物品种，花生、马铃薯和青稞等农作物的良种补贴试点工作也已经开始。农机具购置补贴政策始于 2004 年，为提高农业机械化水平和物质装备水平，对农产品主要是种植业作物的耕、种、收、加工环节的机械以及大型拖拉机等农业机械的购置进行补贴，至 2010 年底补贴已经覆盖全国所有的农业产区，所有急需机械种类均已享受到补贴。据统计，到 2010 年底，包括粮食直补、农资综合直补、农作物良种补贴和农机具购置补贴在内的"四补贴"总额为 5088.9 亿元。[①]

包括多种补贴在内的其他补贴形式。主要有：2005 年设立的补助小型农业水利建设的基金；对自然灾害和动物疫病的救助性补贴和农业保险补贴；农业科研补贴和各项农民教育培训补贴；对退耕还林、退牧还草和沼气工程等农业生态建设项目进行补贴。

从以上内容得知，入世后中国农业国内支持政策的调整具有以下特点：第一，农业支持力度加大，资金投入量显著增长，农民减负增收力度比较大；第二，对抗灾、农业基础设施建设和农业生态环境保护等方面的关注度有所提高；第三，国内支持政策以"绿箱政策"为主，支持水平尚有上调空间。农业国内支持水平的提高表现在财政上，就是财政支农支出水平的提高，据统计，2009 年各级财政投入到"三农"领域的资金总额为财政支出总额的 26.3%，高达 2 万亿元，其中，中央支出 7253 亿元，与 2003 年相比增加了 2.4 倍；因农村税费改革产生

---

① 谢旭人：《功在当代　利在千秋——纪念农村税费改革十周年》，《求是》2011 年第 4 期，求是理论网，http://www.qstheory.cn/zxdk/2011/201104/201102/t20110214_67950.htm。

的转移支付资金达 1030 亿元以上，中央财政和地方财政各自承担了 782 亿元左右和 248 亿元左右。[①] 总之，财政支农力度的加强和国内农业支持政策体系的完善对于保障粮食自给、增加农民收入和提高中国农产品国际竞争力等都具有重要意义，另外，这些政策调整也是在世界贸易组织规定的农业贸易框架内实施的，是履行入世承诺的重要组成部分。

5.2.3　边境政策的改革

农产品外贸政策的边境政策部分包括世界贸易组织关于农产品贸易政策分类中的市场准入政策和出口竞争政策。为了遵守世界贸易组织的农业规则，中国在加入世界贸易组织之后对农产品市场准入政策进行了相应的调整。按照农产品贸易方面的入世承诺，中国采取了一系列削减关税和非关税壁垒的措施，撤销了许多违反世界贸易组织农业规则的非关税壁垒，除对少数敏感农产品实行关税配额制度以外，对占绝大多数的一般农产品实行单一的关税化管理制度。在出口竞争政策方面，完善并推出了新的出口竞争措施。

5.2.3.1　市场准入政策

农产品市场准入政策的调整包括关税、关税配额以及其他非关税措施的调整三个方面：第一，进口关税减让。按照入世协议，进口关税减让任务主要在 2002~2004 年 3 年过渡期内完成。如表 5-6 所示，啤酒、烈性酒和乳制品等产品的关税率减让幅度超过了 20%，牛肉、烤烟、咖啡类制品和一些水果与干

---

① 张少春：《从农村税费改革走向农村综合改革——纪念农村税费改革十周年》，中华人民共和国财政部网站，http://www.mof.gov.cn/zhengwuxinxi/caizhengxinwen/201102/t20110221_459005.html。

果等农产品及其加工品的关税减让幅度也超过了 10%。到 2005
年，农产品关税平均水平降至 15.5%，已经比较低。

表 5-6 关税削减幅度较大的部分农产品的关税削减情况

产品种类	关税率削减幅度 A（%）	产品种类	关税率削减幅度 A（%）
啤酒	42	汤料及制品	18
烈性酒	36.7	动植物油制品	18
烤烟	18	汽水	30
橙、酸橙	17.4	柑橘、柚	16.8
黄油、乳酱	26.7	鲜葡萄	16.2
酸乳	24	冰激凌及制品	15.6
烟草制品	24	制造碳酸饮料浓缩物	15
制造饮料用复合酒精制品	24	椰奶	15
味精	23.4	开心果	15
乳酪	22.8	乳糖及乳糖浆	15
其他水	22.5	咖啡或浓缩汁制品	13.3
蛋白质	21	罂粟子	12
发酵饮料	20.5	已焙炒咖啡	12
矿泉水	20	经研磨啤酒花	12
苹果、梨、樱桃	12	牛肉	19.8
去壳巴旦木或榛子	12	咖啡浓缩汁	19.8
哈密瓜	10.8	干葡萄	18.8
未焙炒咖啡	7		

注：A. 即加入之日约束汇率与最终约束汇率之差。

资料来源：转引自张红宇、赵长保：《中国农业政策的基本框架》，中国财政经济出版社 2009 年版，第 149~150 页。

第二，调整关税配额制度。在加入世界贸易组织的协议中，中国获准维持粮食和棉花、烟草等一些重要经济作物的国营进口贸易制度，与此同时，中国承诺对某些"敏感"农产品以关

税配额管理方式取代原来的数量限制方式，并承诺分配给非国
营企业一定比例的关税配额，除玉米、食糖和小麦三类农产品
外，其他实行关税配额的农产品国营贸易比例都低于一半。关
税配额由商务部与国家发展和改革委员会共同管理和分配，贸
易公司必须同时符合申请任何商品配额的基本标准和申请特定
商品配额的特别标准才能申请该商品的配额。在当年 1 月 1 日
至 9 月 15 日，配额持有者在已执行和签订的合同中尚未使用的
配额，将收回重新分配。入世协议规定了在 2002~2006 年的农
产品关税配额量，并要求于 2006 年取消豆油、棕榈油和菜籽油
的进口关税配额，不过，由于进口数量有限，在实际进口贸易
中，这些进口关税配额的使用率大部分都很低，尤其是玉米关
税配额的使用率一直在 1 个百分点以下（2006 年使用率最高，
为 0.97%），只有棉花比较特殊，从 2003 年开始出现超额完成配
额的情况，如表 5-7 所示。

表 5-7　农产品关税配额及使用率

单位：万吨

年份	配额量及使用率（%）	小麦	玉米	大米	豆油	棕榈油	菜籽油	食糖	羊毛	棉花
2002	配额量	846.8	585.0	399.0	251.8	240.0	87.9	176.4	26.5	81.9
	使用率	7	0	6	35	71	9	67	72	22
2003	配额量	905.2	652.5	465.5	281.8	260.0	101.9	185.2	27.6	85.6
	使用率	5	0	6	67	90	15	42	62	102
2004	配额量	963.6	720.0	532.0	311.8	270.0	112.7	194.5	28.7	89.4
	使用率	75	0	15	81	89	31	62	77	214
2005	配额量	963.6	720.0	532.0	358.7	316.8	124.3	194.5	28.7	89.4
	使用率	37	0	10	47	90	15	72	87	288

续表

年份	配额量及使用率(%)	小麦	玉米	大米	豆油	棕榈油	菜籽油	食糖	羊毛	棉花
2006	配额量	963.6	720.0	532.0	—	—	—	194.5	28.7	89.4
	使用率	6	1	1	—	—	—	70	98	100

资料来源：2002年、2003年数据来自经济合作与发展组织，《中国农业政策回顾与评价》，中国经济出版社2005年版，第92页。2004~2005年数据来自程杰、鄂德峰：《关税配额未完成：理论根源与实证分析》，《国际贸易问题》2009年第7期，表1。

第三，其他非关税措施。一方面，从加入世界贸易组织之日起，中国取消了糖类、烟草类、羊毛和棉花等产品的进口数量限制措施以及进口许可证制度。另一方面，在规定时间内（30日）完成了对世界贸易组织通报动植物检疫方面的法律、法规及措施的任务；为了与世界贸易组织有关条款保持一致，在动植物检疫标准、程序方面进行了相应的调整，并尽量采取国际标准。就后一方面而言，中国构筑技术壁垒的能力还很有限，在许多情况下不得不对其他国家尤其是发达国家进行让步，例如曾对美国承诺，将长期解除针对其部分地区的小麦、肉类等产品的进口禁令。

5.2.3.2　出口竞争政策

加入世界贸易组织提高了中国农产品市场的开放度，也使中国农产品出口面临前所未有的压力。在这个新阶段，政府更加重视出口竞争政策的作用，进一步完善了农产品出口退税制度，并推出了一系列新的出口促进措施。由于农产品出口补贴措施为世界贸易组织所禁止，所以完善出口退税政策就更为重要。这一时期农产品出口退税政策的改革突出表现为出口退税率的结构性调整：对小麦、大米、玉米和棉花等竞争力比较弱的农作物，2002年提高其退税率至13%，即实行零增值税率；

为提高农产品的附加值和促进农产品加工业的发展，2003 年提高了玉米粉和小麦粉等初加工农产品的出口退税率，使这部分产品的国际竞争力有所提高。除了调整农产品出口退税制度，中央部委还联合推出了一系列有利于提高出口农产品质量、优化出口农产品结构和健全出口信用保险制度的措施。相对而言，由于中国农产品出口退税率以"5%为主，13%为辅"，其综合退税率还是比较低的，而且以出口信贷补贴、担保和保险等为主的间接补贴支持乏力，例如，2004 年中国农产品出口信用保险的支持率仅为 5%左右，远低于 12%~15%的世界平均水平。

总之，2001 年之后，围绕加入世界贸易组织时的承诺，中国在农产品外贸政策方面进行了比较全面的改革，在国内支持政策、出口竞争政策以及包括关税与非关税措施在内的市场准入政策等方面都进行了相应的调整。这些以"入世"承诺和国际农产品贸易规则为准则的调整措施，其目的是为了保障粮食安全、提高农民收入、提高农产品国际竞争力以及保护农村生态环境。在履行入世承诺的同时实现这一系列政策目标尤其是实现农民减负增收的目标，说明新时期统筹发展的工业化战略已经深入到了农产品外贸政策的改革过程中。

5.3　"入世"后农产品外贸政策调整的特点、问题与成绩

21 世纪初，中国的工业化进入了从中级阶段向高级阶段过渡的时期，工业化战略由比较优势战略进一步演变为统筹发展

战略，这是一个适应更加开放的经济条件的工业化战略。在统筹发展战略的指导下，应世界贸易组织的要求，2001 年之后中国对农产品外贸政策进行了比较全面的调整，这些调整措施将农业农村发展目标的实现寓于履行"入世"承诺的过程中，体现出统筹国内经济发展与对外开放的战略意图。这一阶段农产品外贸政策的调整，对于保障粮食安全、农民增收和农产品竞争力提升等目标的实现具有积极意义，但是农业国内支持政策方面的缺陷不容忽视。

5.3.1 体现"统筹"要求的政策调整

在加入世界贸易组织之后的工业化进程中，工业化依然通过产业结构政策——农业政策和贸易政策两个途径影响着农产品外贸政策。从第一个途径来说，按照日本学者速水佑次郎（1986）的理论，在经济发展的不同阶段，农业发展和农业政策的目标会随着农业解决的问题的转换发生变化，这些问题在收入水平为低、中、高三个阶段依次表现为粮食问题、农民相对贫困问题和农业调整问题，如图 5-1 所示。显然，在收入水平低下的时期，农产品或粮食的廉价供给是此时农业政策的主要目标；在收入水平较高的时期，农业政策的目标将以防止农民收入下降或者说提高农民收入水平为中心；而在中等收入水平阶段，农业政策则需要兼顾粮食供给问题和农民收入问题两个方面。由于收入水平的变化与工业化的进程基本上是对应的，所以速水佑次郎的理论实际上可以用来分析工业化过程中的农业及农业政策问题。目前中国处在工业化中期的后段，收入水平中等，因此，农民相对贫困问题是优先要解决的农业问题，提高农民收入应当成为农业政策的焦点。

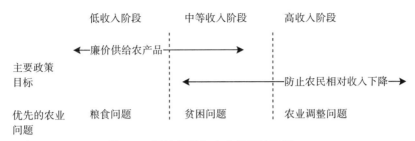

图 5-1　经济发展与农业问题的转换

资料来源：［日］速水佑次郎、神门善久：《农业经济论》，中国农业出版社 2003 年版，第 22 页。

工业化中期农民走向相对贫困是工业化和经济发展到一定程度各国普遍出现的问题，各国在工业化过程中的政策导向和制度安排是促成这一问题的重要因素。就中国而言，从改革开放到 20 世纪末，以收入分配政策为主的制度安排使中国城乡居民收入差距不断拉大。具体来说，就是包括农业政策、财政支出政策和基层行政制度等在内的制度安排直接导致农民收入增长落后于城市居民。[1] 为了扭转农民收入增长缓慢的局面，中国政府自 20 世纪 90 年代起就开始探索解决之道，到了 21 世纪，明确提出了"多予、少取、放活"的农村农业政策工作要求，推出了一系列以取消农业税为代表的增收减负政策。如果是处于封闭条件下的工业化阶段，农业政策的调整基本上不会受到来自国际方面的约束，但是，21 世纪中国的工业化已经是开放经济条件下的工业化，一切国内经济政策必然会或多或少地受到外部因素的干扰，尤其是加入世界贸易组织之后，与对外贸易相关的一系列农业政策改革必然要受到该组织农业贸易规则的约束。这样，2001 年之后中国农产品外贸政策调整的一个突出特点就是将多予少取的农业农村政策目标的实现融入履行入

---

[1] 刘宏渊：《农民收入现状：制度与思路》，《经济体制改革》2003 年第 5 期。

世承诺的政策调整过程之中，实际上，这也是统筹发展的工业化战略的一个表现，是统筹国内经济发展与对外开放的具体实践。

多予少取的农业农村政策与"入世"时承诺遵守的国际农产品贸易规则的协调主要表现在"予"的方面。在加入世界贸易组织时，中国承诺取消会产生贸易扭曲效应的价格补贴、实物补贴等一系列出口补贴政策，尽管这一做法可能对中国农产品国际竞争力和农民收入产生一些影响，但中国还是积极履行了这一承诺，同时，中国还在世界贸易组织规则允许的范围内采取了一系列替代性措施。例如，为了增加粮食生产者的收入，对粮食生产者进行粮食直接补贴并逐渐缩小了粮食流通环节的补贴，这是适应世界贸易组织农业贸易规则的一项政策改革。粮食直接补贴的直接受益者是粮农或者其他粮食生产单位，在补贴类型上属于收入补贴，对贸易的扭曲程度很低。又如，为了降低农业生产成本而进行的农资综合直接补贴也是一项不违背入世承诺的收入补贴措施。

另外，国营农产品贸易是当今各国运用得比较普遍的一种垄断与调控农产品贸易的方式，根据承诺，中国获准保留了一部分农产品的国营贸易体制，这样就部分地保留了某些农产品的国营贸易垄断权，例如，允许实行关税配额的小麦、玉米等农产品，其相当大一部分配额都分配给了国营企业，2004年小麦配额的90%就为国营企业所持有。国营贸易体制的延续对于国家控制某些重要农产品的价格以保障粮食安全和调节供求平衡具有重要作用，也方便国家实现农民增收等政策目标。在中国，国营农产品贸易体制是计划经济时期的一种产物，在工业化初期，这种体制安排对于平衡粮食供求关系、控制农产品价格以及组织农产品出口从而集中有限资金支持工业发展曾经起到了重要的作用；在中国农产品市场开放程度不断提高的 21 世纪，它作为政府影响农产品进出口价格和数量的政策工具的性质依然没有改变，不过，在新的工业化阶段，已经从剥夺和转移农业剩余的政策工具转变为多予少取的农业农村政策的实现工具之一。总之，对国营农产品贸易体制的适度保留也是统筹发展战略的具体表现之一。

5.3.2　国内支持政策空间未充分利用的问题

按照中国加入世界贸易组织时的承诺，中国在农产品贸易方面可以运用的国内支持政策包括"蓝箱政策""绿箱政策"（12 项）和微量支持标准内的"黄箱政策"（除小麦、玉米等特定商品外，国内综合支持量不得超过农产品产值的 8.5%）。但是，在 2001 年之后的实践中，中国并没有充分地利用世界贸易组织所给予的政策空间。中国国内支持政策空间利用不足突出表现在国内支持政策结构上，不仅"蓝箱政策"尚未启用，对"绿箱政策"和"黄箱政策"的利用也不充分。先来看"绿箱政策"，世界贸易组织允许的 12 项政策并没有完全使用，尚未使用的政策多属于对农民的直接支付政策。虽然中国自 2004 年以来启用了粮食直接补贴和农资综合补贴等收入支持政策，开始转变以往以价格补贴为主要补贴方式的支持导向，但是对于一个"绿箱政策"尚处于起步阶段的国家而言，如何顺利对为数众多的农民进行收入支持，如何将有限的财力合理分布在宽广的支持面上，仍是一个不小的挑战。再来看"黄箱政策"，中国承诺该类政策的国内综合支持量以农产品产值的 8.5% 为上限，特定产品除外。长期以来，中国黄箱政策的补贴对象多为流通环节的贸易企业和消费者，而以农民为直接补贴对象的措施则较少。

以流通环节为受益对象的价格补贴，其补贴效率是相当低的，即使在发达国家，也仅有25%的价格补贴最终落到生产者手中，在中国，这个比例会更低。自2002年以来，价格补贴力度有所增加，2002年、2003年国内综合支持水平分别达到了3.6%和3.7%，高于1993年以来的水平，但是离8.5%的微量支持标准上限仍有不小的差距，这种状况的存在将不利于农民增收目标的实现。[①] 最后，受财政能力的约束，中国的"蓝箱政策"尚未启用。总的来看，农产品外贸政策的国内政策措施多数属于世界贸易组织规定的"绿箱政策"，这些政策中一般服务支持措施所占比例较高，对农民收入的支持措施仍然相对欠缺。"蓝箱政策"尚未启用、"黄箱政策"微量支持运用空间还比较大，这样一个国内支持政策结构，虽然对贸易扭曲程度很小而与世界贸易组织的要求比较符合，但是，在多数国家都在实行农产品贸易保护政策的环境中，这样的政策结构无疑会使缺乏竞争力的中国农产品处于不利地位。

另外，就国内支持政策的具体政策工具的发展情况来说，中国还处在探索阶段，政策工具十分有限，多局限于从价格和收入两方面对农产品和农民进行补贴和支持，且许多政策处在试行阶段。与美国、日本和欧盟等发达国家和地区相比，中国的农业国内支持工具种类比较单一，尚有许多需要完善的地方。

5.3.3 自由化贸易趋势下农产品贸易的发展

加入世界贸易组织之前，中国农产品对外贸易曾经历了六七年的徘徊阶段，恢复到2001年，贸易总额也只有279.4亿美

---

① 经济合作与发展组织：《中国农业政策回顾与评价》，中国经济出版社2005年版，第107页。

元，与 1994 年相比增长了 46%，增长幅度有限。不过，如表 5-7 所示，加入世界贸易组织之后，农产品进口和出口都出现了较明显的增长趋势，历年进出口额都高于 2001 年，入世后农产品进出口量最大的 2008 年进口额和出口额分别达到了 2001 年的 4.96 倍和 2.52 倍。需要注意的是，由于进口的增加，2004 年以来农产品贸易出现了逆差，而且近年来尤其是 2008 年农产品贸易逆差数额剧增。这会不会影响到中国的粮食安全？据原瑞玲、倪洪兴、田志宏（2009）等考证，中国农产品进口额在 2008 年剧增的主要原因在于当年主要农产品进口价格的上涨。以大豆为例，2008 年大豆进口额增量为农产品进口总额增量的近五成，比 2007 年增长了 90.27%，但是通过对贡献率的测算和分解得知，大豆进口价格上涨对大豆进口额增加的贡献率高达 62.74%，进口额的剧增主要原因并不在于进口数量的增加。[1] 其他主要进口农产品的情况也与大豆类似。所以说，农产品贸易逆差并不意味着农产品进口过多而危及中国的粮食安全，实际上，自 2001 年以来，中国农产品贸易逆差额的基本发展趋势是在不断扩大，但中国的粮食安全情况一直比较稳定。

　　从入世后农产品的进出口结构来看，进口数额占农产品进口总额比重比较大的农产品有大豆、食用油籽、畜牧业产品和水产品等，出口数额占农产品出口总额比重较大的农产品以园艺产品、部分畜牧业产品和水产品为主，其中水产品和蔬菜所占的比重最大。总的来说，农产品进出口结构基本符合中国的比较优势，尤其是出口以劳动密集型农产品为大宗。以 2009 年

---

[1] 原瑞玲、倪洪兴、田志宏：《对 2008 年我国农产品贸易逆差剧增的分析与思考》，《中国农业大学学报》（科学社会版）2009 年第 12 期。

表 5-8 2001~2019 年中国农产品进出口情况

单位：亿美元

年份	进出口	出口	进口	贸易差额	比上年增加（%）		
					进出口	出口	进口
2001	279.4	160.9	118.5	42.4	23.3	15.2	36.7
2002	306.3	181.6	124.7	56.9	9.6	12.9	5.2
2003	403.0	213.3	189.7	23.5	31.5	17.4	52.1
2004	514.4	233.9	280.5	−46.5	27.7	9.7	47.8
2005	563.8	276.0	287.8	−11.8	9.6	18.0	2.6
2006	636.0	314.2	321.7	−7.5	12.8	13.9	11.8
2007	750.9	339.0	411.9	−72.9	18.1	7.9	28.0
2008	993.3	405.4	587.9	−182.5	32.3	19.6	42.7
2009	923.3	396.3	527.0	−130.7	−7.0	−2.2	−10.4
2010	1219.6	494.1	725.5	−231.4	32.2	24.8	37.7
2011	1556.2	607.5	948.7	−341.2	27.6	23.0	30.8
2012	1757.7	632.9	1124.8	−491.9	12.9	4.2	18.6
2013	1866.9	678.3	1188.7	−510.4	6.2	7.2	5.7
2014	1945.0	719.6	1225.4	−505.8	4.2	6.1	3.1
2015	1875.6	706.8	1168.8	−462.0	−3.6	−1.8	−4.6
2016	1845.6	729.9	1115.7	−385.8	−1.6	3.3	−4.5
2017	2013.9	755.3	1258.6	−503.3	9.1	3.5	12.8
2018	2168.1	797.1	1371.0	−573.8	7.7	5.5	8.9
2019	2300.7	791.0	1509.7	−718.7	5.7	−1.7	10.0

资料来源：2001~2009 年数据来源于中华人民共和国农业部网站，http：//www.moa.gov.cn/tjsj/pages/zonghe_jdsj_1-1%20农产品进出口年度总值表.html；2010~2016 年数据来源于中华人民共和国农业部国际合作司网站、农业部市场与经济信息司，http：//www.gjs.moa.gov.cn/maoyi/；2017~2019 年数据来自中华人民共和国农业农村部国际合作司网站，http：//www.gjs.moa.gov.cn/ncpmy/。

为例，水产品、蔬菜、畜产品和水果四类主要出口产品的出口额就占了该年农产品出口总额的 40% 以上，如图 5-2 所示。实际上，随着收入水平的提高，早在 20 世纪 90 年代，中国农产品进出口结构就已经发生了结构性的变化，集中表现为土地密集型农产品进口量的增加和劳动密集型农产品出口量的增加，这个趋势在中国加入世界贸易组织之后一直延续着。劳动密集型农产品出口份额的增加，对于提高农民收入具有积极意义，以加入世界贸易组织后的第一年 2002 年为例，中国农产品出口对提高农民收入的贡献率为 11.08%，东部沿海地区的这一贡献率更高，例如山东省潍坊市 2002 年人均农产品出口收入为 500多元，占当年该市农民人均收入的近 14%。①

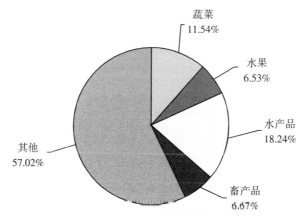

图 5-2　2009 年中国农产品出口结构

资料来源：中华人民共和国农业部网站，http：//www.moa.gov.cn/tjsj/pages/3j_queryPage/1-10 主要农产品进口量值表 _2009 年.html。

总之，加入世界贸易组织之后，中国农产品外贸政策的改革具有统筹国内农业政策与农产品市场开放的特点，虽然存在着政策空间利用不足等种种问题，但成绩仍然是不容忽视的。自 2001 年以后，中国农产品进出口贸易额都有较为明显的增长，虽然自 2004 年开始农产品贸易出现了逆差，2008 年逆差又骤然增大，但是，农产品贸易逆差的形成并不代表农产品进口

---

① 程国强：《中国农产品出口增长、结构与贡献》，《管理世界》2004 年第 11 期。

数量的剧增，逆差在很大程度上源于主要进口农产品进口价格的大幅度上涨。所以说，加入世界贸易组织之后农产品市场的进一步开放并没有危及中国的粮食安全；相反，从贸易产品结构尤其是出口结构上来看，具有比较优势的劳动力密集型农产品保持了较高的出口比重，这对于中国农民收入偏低状况的改变颇有助益。

5.4 本章小结

本章讨论的是中国工业化中期第二阶段（2002 年至今）的农产品外贸政策。21 世纪初，中国的工业化进入了从中级阶段向高级阶段过渡的时期，经济对外开放程度的加深和国内各种结构性问题的困扰，使中国的工业化战略由比较优势战略进一步演变为统筹发展战略，这是一个适应更为开放的经济环境的工业化战略。

本章第 1 节介绍的是工业化新阶段农产品外贸政策调整的背景。在统筹城乡发展要求的指导下，中国的农业农村政策正式走向"多予少取"的阶段，提高农民收入成为政策的中心；在统筹国内发展和对外开放要求的指导下，中国积极面对入世冲击，履行入世承诺。这些方面，共同构成了自 2002 年以来农产品外贸政策调整的背景。

第 2 节介绍的是新阶段农产品外贸政策的主要目标以及各项调整措施。自 2002 年开始，履行"入世"承诺成为中国农产品外贸政策改革的重要约束条件。虽然受到约束，农产品外贸政策的目标体系在内容上并没有发生重要变化，不过，农产品市场的开放使保障粮食安全、提高农产品国际竞争力等目标的地位更为重要；同时，随着工业化的推进，提高农民收入的形势依然严峻，农业领域的环境保护问题逐渐成为政策的关注点。在这些目标和入世承诺的限制下，农产品外贸政策进行了全面调整。

第三节讨论的是该阶段农产品外贸政策调整的特点、成绩及存在的问题。本书认为该阶段政策调整的特点是将农业农村发展目标的实现寓于履行"入世"承诺过程之中。这一阶段农产品外贸政策的调整，对于保障粮食安全、增加农民收入和提高农产品竞争力都具有积极意义，但是，农业国内支持空间利用不足的缺陷也不容忽视。

第6章
中国农产品外贸政策演变特征解析与建议

本书第 3、4、5 章循着工业化影响农产品外贸政策的两条路径分别考察了三个不同时期的中国农产品外贸政策。本章将在各阶段分析的基础上提炼出中国农产品外贸政策的整体演变特征，并就如何正视这些特征或者解决相关问题提出建议。

6.1 经济开放过程中贸易政策影响路径逐渐突出

中国的工业化经历了从相对封闭条件下的发展阶段向相对开放条件下的发展阶段的转变，在这个过程中，经济开放和贸易自由化程度的提高使制定经济政策要考虑的外部因素越来越多，尤其是对外贸易政策，在制定时不仅要考虑避免外部冲击和促进国内经济发展的需要，还要考虑国际贸易规则的约束。这种变化逐渐改变着工业化影响农产品外贸政策两种路径的地位，扭转了工业化初期"产业结构战略—产业结构政策—农业政策—农产品外贸政策"这个影响路径一头独重的状况，贸易政策影响路径的重要性越来越凸显。

6.1.1 工业化初期赶超战略下产业结构政策影响路径的主导地位

工业化是产业结构由农业占统治地位向工业占统治地位转变的过程，是由传统农业国向现代工业国转变的过程，建立工业在国民经济中的统治地位是工业化的最终目标，相应地，工业产值占国民生产总值的比例是判断工业化实现程度的重要标准。虽然工业化的目标不仅限于产业结构的变化，至少还包含就业结构的变化情况、各大产业内部的发展情况和社会生活水平的提高情况等方面，不过，在工业化初期，所有其他发展目标往往都会在后起国家发展工业的强烈意愿下退居次要地位，而为建立一个工业占主导地位的产业格局优先发展工业，是许多政府主导型工业化国家首选的战略。这样，对于政府主导型工业化国家而言，赶超意识的存在往往使工业化初期的经济政策目标集中在工业化最突出的标志——工业产值方面，发展工业就成为工业化初期国民经济各部门全力支持的目标。中国的情况即是如此。

中国工业化初期，经济基础十分薄弱，在这样的经济基础上进行工业化，资本和技术等要素的短缺成为一个重要的约束条件。为了集中力量发展工业，中国政府借鉴苏联工业化经验，照搬了优先发展重工业的"赶超战略"。在"赶超战略"的指导下，重工业优先发展的产业结构政策指向十分明确，将重工业为主的工业建设放在了首位，而赋予了其他产业尤其是农业的生产与发展以支持工业发展的任务。农业支持工业发展的角色确定以后，以粮食统购统销制度为中心的一系列农业剩余转移制度逐渐建立起来，与农业有关的一切经济政策都变成了实现农业支持工业发展目标的政策工具，农产品外贸政策也不例外。在以农支工的产业结构政策指导下，农产品的出口被赋予了为引进工业所需技术设备而换取外汇的任务，同样，为了集中有限的外汇以支持工业所需物品的进口，农产品的进口受到了严格限制，只有国内短缺而发展工业需要的农产品和国内粮食供给严重不足时的口粮才能得到进口许可。总之，在重工业优先发展的工业化初期，中国优先发展工业的产业结构政策对农产品外贸政策的影响是十分显著的。

另外，在中国工业化初期，工业化所处的经济环境是一个相对封闭的经济环境，对外经济合作伙伴以苏联、东欧等社会主义国家为主，对外贸易很不发达，在这样相对封闭条件下制定的工业化战略尤其是具体的贸易战略就会相对弱化。由于对外经济关系的不发达状态使中国经济受外部影响相对较小，在贸易政策的制定过程中基本上不需考虑国际市场上其他国家竞争带来的威胁，而且由于与主导贸易自由化的西方国家经济联系较少，在贸易政策上受到的国际贸易规则的约束也基本上不存在。因此，工业化影响农产品外贸政策的第二条路径在一定程度上就被隐藏起来，而第一条影响路径将居于主导地位。

6.1.2 工业化中期贸易自由化趋势下贸易政策影响路径的凸显

中国工业化进入中期以后，对农产品外贸政策而言，来自两条路径的工业化影响的强弱发生了转变。在贸易自由化趋势的影响下，"贸易战略—贸易政策—农产品外贸政策"这条影响路径的地位逐渐凸显出来。这种变化，是由两条路径各自的变化共同促成的，应从两条路径方面进行全面考察：

一方面，来自产业结构政策路径的影响相对弱化。在从封闭经济转向开放经济的时候，中国工业化已经越过了初级阶段，这就意味着工业规模和工业占国民经济的比重已经比较大了，虽然以农支工的指导思想和做法依然存在，但是已经不如工业化初期那样突出。也就是说，虽然工业化中期以后仍然存在具体的产业结构调整目标和任务，但是在产业结构政策的实施过程中农业已经不再处于依附地位而相对独立起来。这样，工业化战略通过产业结构政策——农业政策这条路径对农产品外贸政策的影响已经变得相对单纯，这种影响的出发点逐渐变成了发展农业的需要而不是为发展工业而发展农业了，而这时候即使开始进行以工支农，其力度也远弱于工业化初期以农支工的力度。所以，工业化进入中期以后，工业化影响农产品外贸政策的第一条路径就变得不那么明显了。

另一方面，20 世纪 70 年代末以后，中国的工业化逐渐由相对封闭条件下的工业化转变为相对开放条件下的工业化，来自贸易政策路径的影响逐步强化。开放经济条件下的工业化更多地受到国际经济环境的影响和国际经济规则的制约，因而在外贸战略和外贸政策上会有很多适应开放经济的安排。如果一个国家在工业化过程中从相对封闭走向相对开放，那么在这个转变过程中，对外贸易方面所受的影响将成为导致工业化战略调整的原因之一，因为经济的对外开放更直接地作用于对外贸易方面，而且开放经济意味着一国要或多或少地受到国际贸易自由化趋势和规则的影响。中国实行对外开放政策以后，相对封闭条件下的工业化转变为相对开放条件下的工业化，对外贸易政策受到的外部影响逐渐增强，尤其是 2001 年中国加入世界贸易组织还给中国外贸政策带来了国际贸易规则的约束，使中国在农产品外贸政策方面承诺要遵守相应的规则。可见，在工业化中期，随着贸易自由化程度的加强，中国农产品外贸政策来自贸易政策路径的影响增强了。

总之，随着中国工业化由初期阶段进入中期阶段，工业化影响农产品外贸政策的产业结构政策影响路径的主导地位逐渐变得不明显，而在贸易自由化程度不断提高的同时，来自贸易政策影响路径的工业化影响越来越突出。

6.1.3　正视两条路径与两种影响

虽然随着经济开放程度的不断提高，来自贸易政策影响路径的工业化影响目前变得比较突出，但是来自产业结构政策方面的影响并没有消失，来自两条路径的工业化影响的关系是并存的而非互相排斥的。当然，在并存的同时，来自两条路径的影响各自也发生着变化：

其一，只要工业化还在进行，产业结构的状态还没有达到工业化要求的标准，优化产业结构的要求就会一直存在，来自第一条路径的影响就不会消失。由于农业的发展及其结构的优化也是工业化的题中应有之义，所以，在经过长期的以农支工式发展和产业非平衡发展之后，工业化中期的产业结构优化政策将更多地考虑如何保护和促进农业的发展，以工哺农将逐渐成为优化产业结构的政策趋势之一。总之，工业化中期经济发展水平向更高阶段迈进之时，产业结构政策将会更多地考虑国民经济的基础产业——农业本身的发展任务和目标，以往以农业为服务型产业的状态甚至会转变为其他产业服务于农业的发展和结构调整的状态。可见，农产品外贸政策来自第一条路径的影响不是削弱或者消失了，而是逐渐发生了从以工为本向以农为本的转化。

其二，只要工业化的经济环境不是完全封闭的，来自贸易政策路径的影响就会一直存在，而随着从相对封闭条件向相对开放条件过渡的完成，来自这条路径的影响将会重新变得温和起来。工业化中期之所以会出现第二条路径凸显的状况，是因为中国的工业化中期是对外开放和贸易自由化与工业化同时进行的时期。在这个时期，一方面以农支工的需求基本消失而大规模以工支农的条件尚不完全具备，故而以产业间的互相支持来优化产业结构的政策呈现出比较弱的状态；另一方面对外开放和贸易自由化进程的推进导致短期内遭受的国际市场冲击力度突然上升，因而外贸战略和外贸政策都急剧地进行着应对性的调整。所以来自第二条路径的影响在这个过渡阶段将变得十分强烈。不过，可以预见的是，当工业化中期的外贸制度和政策安排在完成了适应开放经济条件的调整和改革之后，将会变得比较稳定，农产品外贸政策也会随之稳定下来。也就是说，农产品外贸政策受到的来自第二条路径的工业化影响将会稳定下来，虽然不会比封闭经济条件下来得微弱，但是与过渡阶段相比，经过制度与政策的大规模调整之后这方面的影响会明显地弱化下来。

正视工业化影响农产品外贸政策的两条路径和两种影响，就是要认识到两条路径和两种影响将会长期并存而各自发生着变化。这里最需要摒弃的错误观点是，认为来自第一条路径的影响会削弱甚至消失，如果持这种观点，无异于认为农业将被排除于国家经济政策的考虑之外，将会使农产品外贸政策被动调整的状态一直持续甚至恶化下去。有关农产品外贸政策被动调整的问题将在下一节中讨论。

6.2　来自两条路径的影响致使农产品外贸政策被动调整

从中国农产品外贸政策演变的整个过程来看，各个时期农产品外贸政策的调整都具有被动性，即农产品外贸政策的调整都依附于特定阶段工业化战略下的产业结构政策和贸易政策，具体来说，在工业化前期主要因产业结构目标的需要而调整，在工业化中期又逐渐改为顺从贸易政策的改革，而非从农业本身发展的角度出发。这样做的结果，一方面，适应了工业化不同阶段整个经济发展战略的需要，具有一定的成效；另一方面，由于对农业发展目标不同程度的忽略而引发了许多问题。

6.2.1　工业化前期与中期的被动性政策调整及其成效

自 1953 年中国工业化开始之际，农产品外贸政策的调整与改革就处在一个被动的状态，一直以协助实现工业化的产业结构政策目标和贸易政策目标为方向，在各个时期都不同程度地忽略了农业自身发展的需要。这样的被动性政策调整，是在工业化各阶段不同的背景下发生的，客观地说，对于实现被动性政策调整的目标具有一定的成效。

工业化初期，为了获得足够的外汇来引进工业发展所需的机器设备和先进技术以实现优先工业发展的目的，农产品外贸政策在兼顾粮食安全问题的同时，被赋予了扩大出口创汇、支持工业发展的目标，其具体的政策内涵有两个方面：第一，限制粮食进口以节约外汇资金。除了弥补国内粮食供给缺口和进口本国不能生产的工业原料类农产品之外，尽可能地减少其他种类农产品的进口量，即使为弥补国内粮食供给缺口而不得不扩大粮食进口量时，也采取了出口高价粮食品种而进口低价粮食品种的互换政策，以尽可能少地挤占为数不多的外汇资金。第二，尽可能地扩大农产品出口规模以提高农产品出口创汇数额，不惜压缩国内对肉类、水果等产品的消费量。这样的政策措施的确带来了政策制定者希望的结果，在节约尤其是扩大外汇收入两方面都卓有成效，促进了农业剩余通过农产品出口创汇——引进工业发展所需物资这一途径向工业部门的转移，如3.3.1 部分所述，1952~1986 年中国通过农业税和工农业产品"剪刀差"两种途径为工业化提供的农业剩余高达 6868 亿元左右。

工业化进入中期以后，重工业优先发展战略的转向使产业结构政策随之调整，其中，农业政策目标由促进工业发展为主逐渐转向着眼于农业自身的发展和农民收入水平的提高，农产品外贸政策目标中也体现出农业发展目标的回归。但是，由于农业政策长期以支持工业发展为终极目标，即使是弥补欠账式的政策调整也无法在短期内改变农产品外贸政策长期被动调整带来的后果，而且这种滞后性的政策调整很快走上了老路。从绸缪加入世界贸易组织之日不久后开始，为配合外贸政策实现向国际贸易规则靠拢的目标，农产品外贸政策进行了全面的改革，改革中又或多或少地忽略了农业的发展对提高贸易保护水平的要求。不过，这个时期农产品外贸政策让步性的调整在一定程度上有利于为中国顺利加入世界贸易组织扫清障碍，其后来以国际农产品贸易规则为标准的改革也为入世承诺的履行做出了贡献。

6.2.2　被动性调整带来的政策扭曲与低水平保护问题

被动性的政策调整虽然具有某些成效，但由于忽略了农业农村发展的需要，不可避免地会产生一定程度的扭曲效应，乃至带来各种各样的问题。工业化初期和中期由不同原因导致的农产品外贸政策的被动性调整，使中国农产品贸易长期处于低水平保护状态甚至负保护状态。

如3.3.2部分所述，工业化初期的中国农产品外贸政策虽然在扩大外汇收入和弥补中国国内粮食供求缺口两个方面都具有重要意义，但是从工业化的内涵出发去考察，就会发现存在政策扭曲。当时，为了实现农业贡献，农产品对外贸易被赋予支持工业发展的任务。仅仅从农业如何为工业化提供各种贡献的角度看问题的缺陷，在于忽视了农业发展本身也是工业化目标的题中应有之义，忽略了对于工业化而言，农业的发展或者农业的工业化也是终极目标之一，而只看到了农业的利用价值。中国的农产品外贸政策就这样变成了农业剩余剥夺政策体系的一个具体的政策工具。这样做的后果，就是加剧了对农业的剥削程度，导致了农业保护水平长期为负值的局面。当然，农产品贸易政策的扭曲是当时各种主客观条件综合作用的结果，被动性的政策调整究竟利大于弊还是弊大于利，是一个很难回答的问题。

由工业化初期农产品外贸政策的被动性调整导致的农业负保护状态，在工业化进入中期以后并没有完全消失，随着工业化和贸易自由化的推进，农业负保护状态进一步演化为两种表现形式的低水平保护问题：第一种表现形式就是本义上的低水平保护，即以相关贸易保护水平指标表示的农业保护程度的低下；第二种表现形式是农产品外贸政策在保护本国农业方面的具体政策措施十分有限，甚至不能充分利用加入世界贸易组织时争取到的有限国内支持政策空间：国内政策措施多属于世界贸易组织不加约束的"绿箱政策"，"蓝箱政策"尚未启用而"黄箱政策"微量支持运用空间还比较广阔。在中国农产品市场开放程度日渐加大而来自国际市场的竞争日益激烈化的入世过渡期之后，农产品贸易保护措施的不力和保护水平的低下无疑会使国际竞争力尚弱的中国农产品在国际市场上处于更加不利的状态，而这是我们极力想避免的局面。

6.2.3 在以农为本的基础上充分利用农产品国际贸易规则

由以上分析可见，工业化开始以来农产品外贸政策的被动性调整是导致目前中国农产品贸易低水平保护状态的重要原因。因此，改变被动调整的状态就成为完善农产品外贸政策、扭转农产品贸易保护不足的重要途径。改变农产品外贸政策被动调整的状态就是要在政策制定时充分考虑农业、农村发展的需要以及农民收入水平与生活水平的提高问题，既不能以支持工业或其他产业的发展为最终目标，也不能单纯为迎合世界贸易组织的要求而消极地进行调整。实际上，在工业化开始向高级阶段迈进的中期后半阶段，以农支工的需要已经越去越远而以工哺农将会成为未来的趋势，此时对农业成为工业发展的支持产业的担忧已没有必要，需要努力避免的情况将缩减为一种，即农产品外贸政策单纯为追求符合国际农产品贸易规则而被动调整的情况。诚然，加入世界贸易组织之后，中国在履行入世协议方面负有义不容辞的义务，因此今后农产品外贸政策的变动必然会受到国际农产品贸易规则的约束，可以说，在现阶段从农业农村发展的任务和需要出发进行政策调整，就是要在世界贸易组织有关农产品贸易方面的规则内，提高农产品贸易保护的水平。

在农产品外贸政策方面遵守并充分利用世界贸易组织的规则，是美、日等国家的有益经验，也是中国近年来农产品外贸政策改革体现出的趋势，例如，以2004年开始实行的粮食直接补贴政策和2006年开始实行的农资综合直接补贴政策为标志的直接补贴制度的建立，就是为了削减贸易扭曲效应比较大的价格补贴方式，尽量在世界贸易组织提倡的"绿箱政策"空间内加强对农业的支持力度。不过，这方面中国做得还远远不够。如5.3.2部分所述，从国内支持政策来看，中国为世界贸易组织所允诺的政策空间尚未充分利用，在不违背"入世"承诺的条件下以保护农业为出发点的政策调整尚大有余地，例如，在国内支持政策方面可以充分利用世界贸易组织允许的"黄箱政策"微量支持空间，并尽量运用对贸易扭曲程度比较小的"绿箱政策"和"蓝箱政策"，将以价格支持为主的补贴政策调整为以收入支持和生产性支持为主的补贴政策。另外，在农业保护法规化、农业保险政策及金融服务政策方面，美、日两国发达的政策体系及丰富的实践操作经验也值得中国研究和借鉴，这里不进行详述。在边境政策和出口竞争政策方面，政策工具的多样化和灵活性运用方面也是中国需要改进的地方。总之，要改变农产品外贸政策长期以来被动调整的局面，就要在以农为本的基础上，遵守且充分利用世界贸易组织的规则，采取多样化的支持措施来提高对农业的保护水平。

6.3 两条路径传导的粮食安全目标贯穿政策演变过程

中国农产品外贸政策演变的又一个重要特征是，不管工业化对农产品外贸政策的影响是通过哪条路径实现的，也不管来自哪条路径的工业化影响更明显，来自两条路径的工业化影响一直向中国农产品外贸政策传导着一个同样的信息——粮食安全的重要性，也就是说，粮食安全目标始终存在于中国农产品外贸政策的演变过程中。这个特征形成的必要条件是保障粮食安全是工业化持续进行的前提，充分条件是人口规模的不断扩大强化了粮食安全的重要性。

6.3.1 原因之一——保障粮食安全是工业化持续进行的前提

无论在产业结构政策影响路径占据主导地位的工业化初期，还是在贸易政策影响路径凸显的工业化中期，来自两条路径的工业化影响一直向中国农产品外贸政策传导着这样一个信息——粮食安全的重要性。原因之一在于，粮食安全是工业化对农产品外贸政策的影响得以实现的前提。何以如此？我们可以从粮食安全与工业化关系的角度来考察。粮食安全涉及一个国家国民的生存问题，而实现工业化是一个国家的发展问题，这样看来，实现粮食安全目标与实现工业化目标两者之间实际上是生存与发展的关系。由于生存是发展的前提，粮食安全必然会成为工业化的重要基础之一，任何一个国家的工业化，在粮食安全方面出现重大疏漏时都会难以为继，即使是飞地式的发展模式在整个国家粮食不足的情况下也难以长期维持下去。可见，粮食供给若长期不足，工业化将无法实现，而工业化对农产品外贸政策的影响以及两条影响路径也就无从谈起。从这个意义上说，保障粮食安全实际上还是工业化对农产品外贸政策的影响得以实现的前提。

正是由于保障粮食安全是工业化可持续进行的前提，所以在国家主导型工业化的战略和目标中，将会充分考虑到粮食安全问题，这样，无论工业化对农产品外贸政策的影响是通过哪条路径实现的，无论来自哪条路径的工业化影响更明显，粮食安全目标都将传导到农产品外贸政策上。在粮食供给充足的情况下，对粮食安全的关注将会弱化，粮食安全问题将变成一个隐性问题；一旦出现粮食供给不足的威胁，粮食安全问题才会成为显性问题。所以说，粮食安全是工业化可持续进行的前提这一因素，仅仅是粮食安全目标贯穿中国农产品外贸政策始终这个特征形成的一个必要条件，而充分条件，则要从人口因素方面去寻找。在中国，人地关系紧张的状况强化了粮食安全的重要性，人口的不断增长又使粮食安全工作一直处于警戒状态中，于是，保障粮食安全的目标就一直明显地存在于农产品外贸政策的目标体系中，下面探讨的正是这个方面。

6.3.2　原因之二——人口因素制约下粮食安全目标的强化

要实现工业化，劳动力的增长是一个必要条件，从这个意义上来说，人口——劳动力拥有者的数量的增长是实现工业化的必要条件。但是，对于工业化和任何一个经济发展过程而言，人口规模并不总是保持在能够提供适量的劳动力的水平上。在多数后起的工业化国家或者发展中国家，庞大的人口规模往往成为严重制约工业化的因素，在中国，这个现象更为明显。工业化阶段的变化及战略的演变大致规定了中国农产品外贸政策的演变路径，不过，在演变过程中，庞大的人口数量引致的粮食问题对农产品外贸政策的影响不容忽视，正是由于特殊的人口条件的存在，保障粮食安全的政策目标一直在中国农产品外贸政策目标体系中占据重要位置。

6.3.2.1 在人口因素制约下粮食安全的重要性

中国的人口规模之大是有目共睹的。早在新中国成立时，中国就是一个人口大国，在新中国成立后的 60 余年里，中国人口一直保持着较快的增长速度，人口数量日益攀升。如图 6-1 所示，1949 年新中国成立时中国人口总数即高达 5.4 亿人，1953 年工业化启动之际人口总数为 5.9 亿人；随着经济发展和生活水平的提高，中国人口数量不断增加，到 1978 年改革开放之前即接近 10 亿人，截至 2019 年底，大陆人口总数高达 14.0 亿多人。中国人口能够形成如此巨大的规模，原因无非有两方面：一是新中国成立时的初始人口规模就比较庞大，二是新中国成立以后中国人口的自然增长率比较高。新中国成立后，政治的稳定、经济的发展以及医疗水平的提高使人口死亡率迅速下降，而人口出生率则稳中有升。刨除三年经济困难时期，在 20 世纪 70 年代实行计划生育政策以前，多数年份中国人口出生率保持在 30‰ 以上，而人口死亡率从 60 年代起则逐渐降至 10‰ 以下，这样，高出生率和低死亡率使中国的人口自然增长率在 70 年代实行计划生育政策之前长期保持在 20‰ 以上。从人口的城乡分布变化趋势来看，城市人口比例不断提高，农村人口比例不断下降，但农村人口数量到 2008 年为止一直高于城市

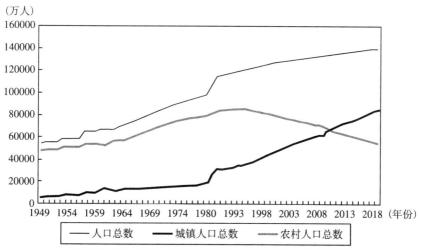

图 6-1　新中国成立以来历年人口总数及城乡人口总数

资料来源: 1949~2018 年数据来源于《中国人口统计年鉴 2019》,《2-1 人口数及构成》,中华人民共和国统计局网站, http: //www.stats.gov.cn/tjsj/ndsj/2019/indexch.htm。2019 年数据来源于《中华人民共和国 2019 年国民经济和社会发展统计公报》,中华人民共和国国家统计局网站, http: //www.stats.gov.cn/tjsj/zxfb/202002/t20200228_1728913.html。

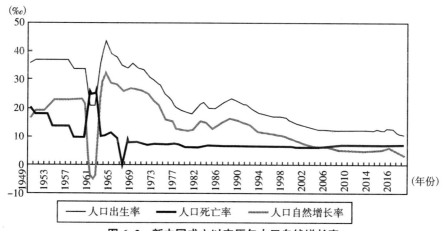

图 6-2　新中国成立以来历年人口自然增长率

资料来源: 1949~1977 年数据来源于《中国人口统计年鉴 1991》,《4-8 全国历年人口自然变动情况》,中华人民共和国统计局网站, http: //annual.apabi.com/ruc/tjnj/ybsearch/ybarticle.aspx? recnum=X5JwsI/316DDDmJtiu3oVrgDJ5Njmck% 3D&ybid =X8husIzw06DDDmBviuvuVrgDJ5NimA% 3D% 3D&fromchcon=&cult=CN; 1978~2018 年数据来源于《中国人口统计年鉴 2019》,《2-2 人口出生率、死亡率和自然增长率》,中华人民共和国统计局网站, http: //www.stats.gov.cn/tjsj/ndsj/2019/indexch.htm; 2019 年数据来源于《中华人民共和国 2019 年国民经济和社会发展统计公报》,中华人民共和国国家统计局网站, http: //www.stats.gov.cn/tjsj/zxfb/202002/t20200228_1728913.html。

人口数量，如图 6-2 所示。1953 年工业化启动时，城市人口仅占总人口的 13.3%，随着工业化与城市化进程的推进，2008 年这个比例已经上升到 45.7%，并持续上升。

人口规模的庞大之所以会带来巨大的粮食安全压力，原因主要有两个方面：第一，人口规模过大导致人地关系紧张，使粮食供给存在压力。众所周知，中国是一个耕地资源并不丰富的国家，在人口规模不断膨胀的同时，人均耕地面积只会越来越少。由于农业生产力的提高受到农业科技水平、自然气候因素等多种条件的制约，粮食产量并不总是稳步上升的，尤其在水旱灾害比较严重的时期，粮食产量连年下降是很正常的现象。粮食产量会有波动，而人口对粮食的需求往往是比较稳定或者不断增加的，这样，供给的不稳定和需求的相对稳定导致特定时期粮食供不应求。如果再存在粮食生产结构不合理和政治因素的影响，粮食出现供求缺口的状况将会更加普遍。如第 3 章所述，中国在 20 世纪 50 年代末 60 年代初的遭遇即是如此。在粮食生产水平比较低下的情况下，连年自然灾害使 1959~1961 年粮食产量连续三年大幅减产，从 1958 年的 19765 万吨下降到 1961 年的 13650 万吨，减产近 1/3，由此导致了大规模的饥荒。第二，大规模人口对粮食的需求很难依靠国际市场来满足。依靠粮食进口来满足国内的粮食需求，对于人口规模小的国家而言，尚具有一定的可行性，新加坡等国家即是如此。但是，对于一个人口占世界人口比重 1/5 左右的国家而言，粮食供给依赖进口的做法则不具有可行性。如果中国粮食供给中进口粮食的比例有所上升，就会对世界粮食市场价格带来影响，这还是比较理想的情况。在粮食减产的年份，国际市场往往很难有充足的粮食来满足巨大的需求。即使国际市场有充足的粮源，一个人口大国在粮食方面依赖进口的话，必然会授人以把柄，在对外贸易谈判甚至政治谈判中处于不利地位，这是任何一个国家都想极力避免的情况。基于这两个方面的考虑，保障粮食安全在中国这样的人口大国就成为异常重要的经济政策目标。

6.3.2.2　粮食自给原则及其对农产品外贸政策的约束

在庞大人口规模带来的巨大粮食安全压力下，中国的粮食安全工作实际上一直以实现"粮食自给"为原则，实现 95% 的粮食自给率成为粮食安全工作的重要目标。这样一个粮食自给原则，自工业化初期就成为农产品外贸政策的重要约束条件，并一直延续至今。

在温饱问题尚未解决的工业化初期，抑制粮食进口的原因有很多，包括资源配置向工业尤其是重工业的倾斜、封闭的经济条件和对外经济关系的不发达状况等，粮食自给原则只是其中之一，甚至可以说，粮食自给原则的确立是其他因素作用的结果。一个人口基数庞大的国家，不可能完全依靠进口来维持国内粮食需求，而且对于处于工业化启动阶段的国家而言，也缺少大规模进口粮食的充足外汇，尤其在以农产品等初级产品为主要出口商品种类时，大量进口粮食就更不具有可行性。最现实的方法，就是发展农业以提高粮食自给能力。不过，虽然这个时期粮食自给的口号提得最为响亮，却由于国内粮食生产水平的有限和产量的波动，在许多年份不得不想方设法地增加粮食进口量以缓和国内粮食供不应求的矛盾，这样，粮食自给原则在特定情况下往往被打破。除了发展生产以实现粮食供给的"自力更生"办法之外，一个非完全封闭的经济体也可以通过对外贸易来辅助实现粮食供给量的提高，比较受益的做法就是出口劳动密集型或者价格高的产品而进口土地密集型或者价格低的农产品，即通过对外贸易实现粮食品种的互换——以少量的高价农产品交换多量的低价农产品的办法。为保证这种安排的顺利实现，包括农产品外贸政策在内的许多农业政策进行适当调整是不足为奇的。例如，1960年粮荒问题出现后，中国曾大量从国外进口粮食，由于大米的国际市场价格高于小麦，中国就采取了出口大米进口小麦的农产品贸易策略，这样，通过粮食品种的互换，最大限度地实现了粮食供应量的增加。虽然不能严格遵守粮食自给的原则，农产品对外贸易方面的一些次优性政策选择背后的意图仍是尽量减少粮食进口量，并没有脱离粮食自给的思路，而且，粮食不能自给情况的时有发生反而使粮食自给原则不断得到强化。

20世纪60年代初的粮荒过去以后，中国的粮食自给率一直是比较高的，到20世纪80年代中期，粮食问题基本得到解决。计划经济时期粮食自给率居高不下与国家对粮食消费和粮食进口的控制不无联系，当控制开始放松的时候，20世纪80年代，中国出现了农产品短缺的局面，但即使如此，1980~1989年的粮食自给率依然高达95.32%。[1] 当粮食问题已经变得缓和，而国家也具备了适度进口粮食的财力的时候，粮食自给原则并没有随之消失，在逐渐取消其他农产品的统购统销做法的同时，粮食类农产品曾保留了国家定价的做法（后来是最低价格收购机制），在农产品对外贸易方面，粮食进出口贸易的国营制度被一直维持到现在。国营农产品贸易制度是计划经济的产物，是为实现国家的价格目标和平衡粮食供求而设立的，这种制度下的国营农产品贸易企业具有很强的垄断性。改革开放以后，随着大多

---

① 肖国安：《中国粮食安全研究》，中国经济出版社2005年版，第196页。

数农产品的管制逐步被解除尤其是 1994 年外贸代理制的实行，国营贸易企业的垄断特权逐渐被弱化，但是在粮食进出口贸易方面仍然拥有很大的权力。即使是在加入世界贸易组织的承诺中，中国也争取到了保留农产品国营贸易制度的许可，小麦、大米和玉米的进口贸易以及大豆、大米和玉米的出口贸易中仍然保留着国营贸易制度，只不过此时国营贸易企业的垄断性更趋弱化，其具体的贸易安排要通过关税配额的方式实施。国营粮食贸易制度是实现粮食安全目标的重要政策工具，其之所以被长期保留下来，很重要的一个原因就是中国政府对粮食自给目标的追求。

6.3.3　在全面理解"粮食安全"概念的基础上正确看待粮食自给率

由以上论述可知，中国长期以来以粮食自给作为粮食安全的重要衡量标准。从国际上对粮食安全的定义来看，将粮食自给等同于粮食安全无疑是错误的。粮食（口粮）安全的概念需要从两个层面进行理解：第一，从整个国家的层面来看，实现粮食安全就要保证有足够的粮食供给，无论是自给自足还是从国外获得粮食，只要能保证粮食可得，即是实现了粮食安全的目标；第二，从家庭和个人的层面来看，粮食安全就是要保证家庭或个人具有获得足够粮食的支付能力，即粮食安全不仅要求国家有足够的粮食供给，还要求家庭和个人对粮食的需求是有效需求。与农产品对外贸易相联系，对粮食安全的关注点显然是第一个层面，不过，这里中国把粮食自给自足当作粮食供给充足、长期以来对农产品进出口进行限制的做法却是不妥的，这样做的后果就是将 95% 这个较高的粮食自给率作为粮食安全的重要指标。

　　粮食安全是各个国家都会关注的问题，但是限于土地资源条件和人口规模，并不是每个国家都有能力实现粮食的完全自给，通过国际贸易实现粮食的供求平衡是许多农业不发达国家的普遍做法，例如日本长期通过进口来满足国内的谷物需求。实际上，几种类型的粮食危机发生的可能性都是比较小的：首先，在和平与合作为主题的年代，由战争和政治性原因引起的粮食进口渠道阻塞从而形成的偶发性危机几乎不可能发生；其次，在世界粮食生产水平不断提高的今天，发生"马尔萨斯式"全球性饥荒的可能性也几乎为零；最后，唯一具有威胁的情况是，在由气候因素导致全球粮食歉收的年份，国际市场粮食价格的上涨可能会给粮食进口国带来额外的负担，不过，如果一个国家有充足的外汇储备，在短期内顶住粮食价格上涨的压力并不是难事。如果把长期用于追求高度粮食自给的资源用来发展具有比较优势的农产品的生产或者其他生产，得益是显而易见的，这样，即使在国际粮食价格上涨时有额外支出，也会由这些得益抵消掉，所以说，对于一个综合经济实力较强、外汇充足的国家而言，对粮食自给率的过分追求可能是不经济的。从世界各国的历史经验看，粮食自给率达到90%基本上就不会出现粮食危机，所以，中国可以考虑将粮食自给率的标准适当地降低到这个水平。当然，保障粮食安全需要考虑的因素是纷繁复杂的，一个综合经济实力较强、外汇充足的国家追求较高的粮食自给率的做法也并非一定是不明智的，但是，不管中国是否会继续选择追求较高的粮食自给率，至少应该纠正有关"粮食安全"的错误观点。

6.4　本章小结

本章在各阶段分析的基础上提炼出了中国农产品外贸政策的整体演变特征，并就如何正视这些特征或者解决相关问题提出了建议：

第一，从工业化影响农产品外贸政策的两条路径来看，随着中国的工业化从相对封闭条件下的工业化走向相对开放条件下的工业化，贸易政策影响路径日益凸显。本书提出，工业化影响农产品外贸政策的两条路径和两种影响的变化并不会就此休止，农产品外贸政策来自第一条路径的影响将发生从以工为本向以农为本的转化，而来自第二条路径的影响将会在外贸制度度过适应贸易自由化的过渡期之后，变得稳定而温和。

第二，从中国农产品外贸政策演变的整个过程来看，各个阶段农产品外贸政策的调整都具有被动性。这样的调整，一方面适应了工业化不同阶段整个经济发展战略的需要并在某些方面具有一定的成效，另一方面又由于对农业发展目标不同程度的忽略而带来了政策扭曲及低水平农业保护问题。因此，本书建议政策的制定应该在以农为本的基础上借鉴他国经验，并在遵守世界贸易组织规则的前提下充分利用这些规则赋予的农业保护政策空间。

第三，中国农产品外贸政策演变的又一个重要特征是，来自两条路径的工业化影响一直向中国农产品外贸政策传导着一个同样的信息——粮食安全的重要性，粮食安全目标始终存在于中国农产品外贸政策的演变过程中。这个特征形成的必要条件是保障粮食安全是工业化持续进行的前提，充分条件是人口规模的不断扩大强化了粮食安全的重要性。本书指出将粮食安全等同于粮食自给的错误观点是中国一直致力于实现高度的粮食自给目标的原因，并建议在全面正确地理解"粮食安全"概念的基础上审慎地决定粮食自给的标准。

第7章
中国农产品外贸政策展望与结论

7.1 中国农产品外贸政策展望

本书第 2 章中关于历史分期的说明中曾提到，当工业产值占工农业产值之和的比例大致达到 60% 时，工业化将进入中期，这个比例达到 80% 左右时，工业化将向后期过渡。根据这个标准进行判断，我们发现目前中国的工业化正处在从中期向后期过渡的阶段。本书至此讨论的都是中国工业化初期和中期农产品外贸政策的演变，那么工业化后期乃至工业化完成之后中国农产品外贸政策又将向哪个方向演变？这里，将根据工业化国家的历史经验和有关理论对中国农产品外贸政策的未来进行简单预测。

7.1.1 经验考察及原因分析

从现在已经实现工业化的发达国家的经验来看，工业化后期乃至工业化完成后农产品外贸政策调整的一个普遍趋势是贸易保护力度的加强。在 2.2 部分中，已经对美国和日本工业化后期的情况进行了大体的介绍，得出了工业化后期农产品外贸政策的保护力度有所加强的结论。实际上，随着经济的高速增长，发达国家农产品外贸政策的保护主义倾向不断得到强化，甚至在工业化完成之后，对农产品贸易的保护也一直没有松懈下来。以日本为例，从 20 世纪 50 年代开始，日本政府通过加大农业投资、发放农业补贴等措施加大了政府财政支农的力度，逐渐扭转了不利于农业部门的工农业产品比价关系。根据日本学者本间正义推算，1955~1990 年，日本农业的名义保护率从 18% 提高到了 116%，而经合组织推算出的保护率更高。① 在日本农业保护率不断提高的同时，其他发达国家的农产品贸易保护倾向也逐渐显现出来。从 20 世纪 50 年代到 80 年代末，是发达国家工业产品关税壁垒逐步削减的时期，不过，在工业保护主义衰落的同时农业保护主义却逐渐兴起。不断滋生的农业保护主义致使 20 世纪六七十年代美、日、欧三方在农产品贸易领域纷争不断，导致国际农产品市场秩序混乱不堪。即使在农产品贸易已经被纳入世界贸易组织贸易规则框架之内的今天，发达国家也仍未放弃农产品贸易保护方面的努力，只是依据世界贸易组织规则进行了一些调整。

工业化后期乃至工业化完成后农产品贸易保护力度的加强，其共同的原因是农业的弱质性和基础性地位，不过，这并不足以解释这一阶段实行保护性农产品外贸政策的原因。关于工业化后期的解释和工业化完成之后的解释有所不同。工业化后期

---

① 本章以大米、小麦、大麦等 12 种农产品为对象推算得出。引自〔日〕速水佑次郎、神门善久：《农业经济论》，中国农业出版社 2003 年版，第 22 页。

实行农产品贸易保护政策的原因有两点：第一，工业化过程中资源由农业部门向工业部门的转移导致本国农业比较利益低于外国，在对外贸易中处于劣势；第二，工业化进程中农业相对于工业发展的缓慢导致农业从业者收入水平低下，从而不利于留住生产者而可能导致农业部门的萎缩。可以看出，工业化后期农产品外贸政策仍然受到来自对外贸易和产业结构政策两个方面的影响。工业化完成后农产品外贸政策持续存在的原因为：农业生产率的提高使农产品产量随之大幅提高，而国内农产品需求缺乏弹性，因此国内市场上农产品就面临着降价的危险，出于维持国内农产品价格水平和保护生产者的目的，发达国家会实行农产品贸易保护政策。

总之，从发达国家的历史经验来看，出于不同的原因，工业化后期乃至工业化完成后农产品外贸政策的保护主义倾向与之前相比愈加明显。中国工业化后期农产品外贸政策会走向何处？下文将根据以上的分析和中国的基本情况进行大致的推断。

7.1.2　中国工业化中期之后的农产品外贸政策展望

将以上发达国家的情况与上一章中国农产品外贸政策演变的特征相联系，这里作出了关于工业化中期之后中国农产品外贸政策演变方向的推断，认为未来中国会在遵守国际规则的基础上尽量提高农产品贸易保护水平。可以从两方面来理解：

第一，工业化后期，来自产业结构调整方面的压力和对外贸易方面的竞争压力依然存在，亦即工业化影响农产品外贸政策的两条路径依然存在，而来自这两条路径的影响将共同导致农产品外贸政策保护力度的提高。一方面，只要工业化还没有完成，产业结构的状态还没有达到工业化要求的标准，优化产业结构的要求就会一直存在，由于农业的发展及其结构的优化也是工业化的题中应有之义，所以，在经过长期的以工支农式发展和产业非平衡式发展之后，工业化中期的产业结构优化政策将更多地考虑如何保护和促进农业的发展，从而导致农产品外贸政策向以农为本方向的转变。另一方面，当外贸制度与政策完成了适应开放经济条件的调整和改革之后，农产品外贸政策也会随之稳定下来，但是来自其他国家的农产品贸易保护压力短期内不会消失，中国会在世界贸易组织规则允许的范围内尽量地提高农产品贸易保护程度。

第二，工业化进入后期乃至工业化实现之后，来自粮食供给方面的农产品贸易保护压力将会消失，保护性农产品外贸政策的实行将出于新的考虑。随着农业从资源型产业转变为科技型产业，农业生产率将大大提高从而使农产品产量大幅提高；同时，人口规模的合理控制使国内对农产品的需求相对稳定甚至减少，这样，国内农产品市场将出现供过于求的情况。同现在许多发达国家一样，中国将为维持一定水平的农产品国内市场价格而采取保护性农产品外贸政策。

7.2　结论

本书研究的是中国工业化启动以来农产品外贸政策演变的历史。在相关理论的基础上，本书提出可以从工业化影响农产品外贸政策的两条路径的角度来考察农产品外贸政策的演变。这两条路径，是工业化战略分别经由产业结构政策——农业政策和外贸政策对农产品外贸政策施加影响的路径。从两条影响路径出发，本书在对工业化初期和工业化中期（中国加入世界贸易组织之前和之后两阶段）三个时段农产品外贸政策考察与评析的基础上提炼出了中国农产品外贸政策演变过程中呈现出的三个主要特征，并就此提出了自己的看法和建议，具体如下：

第一，从工业化影响农产品外贸政策的两条路径来看，随着中国的工业化从相对封闭条件下的工业化向相对开放条件下的工业化转变，工业化经由贸易战略和贸易政策对农产品外贸政策施加的影响越来越多，这条影响路径的重要性相对于工业化初期有所提高。这是因为，经济开放和贸易自由化程度的提高使经济政策受到的外部影响越来越多，尤其是对外贸易政策，在制定时不仅要考虑避免外部冲击和促进国内经济发展，还要考虑国际贸易规则的约束，正是这种变化逐渐改变着工业化影响农产品外贸政策两种路径的地位，使贸易政策影响路径日益凸显。我们应当认识到，工业化影响农产品外贸政策的两条路径和两种影响的变化并不会就此休止，在工业化完成之前两条路径和两种影响将会长期并存，农产品外贸政策来自第一条路径的影响不是弱化或者消失了，而是将逐渐从以工为本向以农为本的转变，而来自第二条路径的影响将会在外贸制度安排度过对贸易自由化适应期之后，变得稳定而温和。

第二，从中国农产品外贸政策演变的整个过程来看，各个阶段农产品外贸政策的调整都受制于该阶段工业化战略下的产业结构政策和贸易政策，在工业化前期主要因产业结构政策目标而调整，在工业化中期又逐渐改为顺从贸易政策的改革，而非从农业本身发展的需要出发。这样具有被动性的调整，一方面适应了工业化不同阶段整个经济发展战略的需要并在某些方

面具有一定的成效；另一方面，由于对农业发展目标不同程度
的忽略而带来了政策扭曲及低水平的农业保护。因此，未来农
产品外贸政策的制定与调整应以农业农村发展的任务和需要为
出发点，并借鉴他国经验，在遵守世界贸易组织规则的前提下
充分利用这些规则赋予的农业保护政策空间。

第三，中国农产品外贸政策演变的第三个重要特征是，不
管工业化对农产品外贸政策的影响是通过哪条路径实现的，也
不管来自哪条路径的工业化影响更明显，这两条路径一直向中
国农产品外贸政策传导着一个同样的信息——粮食安全的重要
性，因此，粮食安全目标始终存在于中国农产品外贸政策的演
变过程中。这个特征形成的必要条件是保障粮食安全是工业化
持续进行的前提，充分条件是人口规模的不断扩大强化了粮食
安全的重要性。正是由于保障粮食安全是工业化可持续进行的
前提，所以在国家主导型工业化的战略和目标中，将会充分考
虑到粮食安全问题，这样，无论工业化对农产品外贸政策的影
响是通过哪条路径实现的，无论来自哪条路径的工业化影响更
明显，粮食安全目标都将传导到农产品外贸政策上。庞大的人
口规模是中国工业化不得不面对的一个问题，在工业化过程中，
庞大的人口数量引致的粮食问题使粮食安全目标一直在中国农
产品外贸政策目标体系中占据重要位置，在各个时期"粮食自
给原则"都制约着农产品外贸政策的调整。其实，粮食自给并
不等于粮食安全，将粮食安全等同于粮食自给的错误观点致使
中国一直追求很高的粮食自给率。今后，中国应该在综合考量
各种因素的基础上审慎地决定是否有必要追求高至95%的粮食
自给率，不管如何选择，至少应该全面正确地理解"粮食安全"
的概念。

　　根据对发达国家历史经验的考察和中国农产品外贸政策演变情况的分析，本书还对中国工业化中期之后的农产品外贸政策进行了推测，认为中国未来会在遵守国际规则的基础上尽量提高农产品贸易保护水平，原因有两点：第一，工业化后期，来自产业结构调整的压力和对外贸易方面的竞争压力依然存在，也即工业化影响农产品外贸政策的两条路径依然存在，而来自这两条路径的影响将共同导致农产品外贸政策保护水平的提高。第二，工业化进入后期乃至工业化实现之后，中国可能会像某些发达国家一样为维持一定水平的国内市场农产品价格而采取保护性贸易措施。

　　总的来看，本书基本上实现了将中国农产品外贸政策放在工业化的大背景下进行长时段考察的预定目的，得出了一些比较有益的结论。但是，本书也存在着很多不足之处，尤其是对工业化影响农产品外贸政策的机制理论挖掘不足，也没有将中国与其他国家工业化过程中农产品外贸政策演变进行系统的比较研究。另外，关于农业贸易走向自由化的讨论，更多的是围绕加入世界贸易组织来讨论，对近年来"一带一路"、中美贸易摩擦等背景论述甚少。总之，关于中国工业化进程中的农产品外贸政策的研究还远未结束，今后可以从以下两个方面进行研究：第一，应当就工业化影响农产品外贸政策两条路径形成机理这个问题进行深入探究，进一步挖掘两条路径背后的理论依据，以使对两条路径、两种影响的阐释更具有理论上的说服力。第二，将从工业化两条影响路径的角度探讨农产品外贸政策演变的做法推广到对其他国家农产品外贸政策的研究中，在中外比较的基础上得出更多有意义的结论。

　　当前，一场"逆全球化"浪潮在全球范围内抬头，美国等后工业化发达国家的贸易保护主义重新抬头，这对全球贸易格局乃至全球经济格局将会产生深刻的影响。作为世界贸易的重要组成部分，农产品贸易必然要面对各种贸易壁垒的阻碍。同时，我国同"一带一路"沿线国家贸易在飞速发展，区域贸易自由化是必然趋势。在这种局面下，我国的农产品贸易政策将何去何从？这是一个值得深入研究的课题。

参考文献

一、中文参考文献

1. 中文著作类

［1］程国强：《农业贸易政策论》，中国经济出版社 1996 年版。

［2］程国强：《WTO 农业规则与中国农业发展》，中国经济出版社 2000 年版。

［3］丛树海、张桁：《新中国经济发展史（1949~1998）》，上海财经大学出版社 1999 年版。

［4］戴谟安：《粮食生产经济》，农民出版社 1982 年版。

［5］董辅礽：《中华人民共和国经济史（上卷）》，经济科学出版社 1999 年版。

［6］董辅礽：《中华人民共和国经济史（下卷）》，经济科学出版社 1999 年版。

［7］方齐云：《工业化进程中的农业》，华中理工大学出版社 1999 年版。

［8］傅泽田、张领先：《中国农业国内支持政策供需的分析、模拟与优化》，中国农业出版社 2008 年版。

［9］高德步：《经济发展与制度变迁：历史的视角》，经济科学出版社 2006 年版。

［10］国家统计局编：《光辉的三十五年》，中国统计出版社 1984 年版。

［11］国家统计局编：《中国统计年鉴（1984）》，中国统计出版社 1984 年版。

［12］国务院全国工业普查领导小组办公室编：《中国工业经济统计资料（1986）》，中国统计出版社 1987 年版。

［13］郭熙保：《农业发展论》，武汉大学出版社 1995 年版。

［14］何树全：《NAFTA 框架下的贸易自由化与农业发展——以墨西哥为例》，经济管理出版社 2008 年版。

［15］蒋永穆：《中国农业支持体系论》，四川大学出版社 2000 年版。

［16］经济合作与发展组织编：《中国农业政策回顾与评价》，程国强校译，中国经济出版社 2005 年版。

［17］李秉龙、乔娟、王可山：《WTO 规则下中外农业政策比较研究》，中国农业出版社 2006 年版。

［18］李成贵：《中国农业政策：理论框架与应用分析》，社会科学文献出版社 2007 年版。

［19］李德彬等：《新中国农村经济纪事》，北京大学出版社 1989 年版。

［20］李烽：《农业剩余与工业化资本积累》，云南人民出版社 1993 年版。

［21］龙永图主编：《入世与农产品市场开放》，中国对外经济贸易出版社 2000 年版。

［22］牛若峰等：《中国经济偏斜循环与农业曲折发展》，中国人民大学出版社 1991 年版。

［23］农业部经济政策研究中心编：《中国农村：政策研究备

忘录》，农业出版社 1989 年版。

[24] 农业部软科学委员会课题组：《加入世贸组织与中国农业》，中国农业出版社 2002 年版。

[25] 农业出版社编：《中国农业大事记 1949~1980 年》，农业出版社 1982 年版。

[26] 潘盛洲：《中国农业保护问题研究》，中国农业出版社 1999 年版。

[27] 裴长洪主编：《共和国对外贸易 60 年》，人民出版社 2009 年版。

[28] 任烈：《贸易保护理论与政策》，立信会计出版社 1997 年版。

[29] 邵桂兰：《基于农业保护视角的农产品贸易摩擦研究——以海洋渔业政策及水产品为例》，经济科学出版社 2008 年版。

[30] 盛斌：《中国对外贸易政策的政治经济分析》，上海三联书店、上海人民出版社 2002 年版。

[31] 宋洪远：《改革以来中国农业和农村经济政策的演变》，中国经济出版社 2000 年版。

[32] 宋则行、樊亢：《世界经济史（上卷）》，经济科学出版社 1998 年版。

[33] 孙健：《中国经济通史下卷（1949 年~2000 年)》，中国人民大学出版社 2000 年版。

[34] 肖国安：《中国粮食安全研究》，中国经济出版社 2005 年版。

[35] 熊德平、余新平：《中国农产品对外贸易的影响因素研究》，中国社会科学出版社 2014 年版。

[36] 熊晓琳:《新型工业化道路中的对外贸易发展战略研究》,中国社会科学出版社 2009 年版。

[37] 徐更生:《美国农业政策》,中国人民大学出版社 1991 年版。

[38] 许建文:《中国当代农业政策史稿》,中国农业出版社 2007 年版。

[39] 徐志全:《中国工业化非均衡进程与农业政策选择》,中国统计出版社 1998 年版。

[40] 杨圣明:《中国关税制度改革》,中国社会科学出版社 1997 年版。

[41] 张红宇、赵长保:《中国农业政策的基本框架》,中国财政经济出版社 2009 年版。

[42] 张培刚:《农业与工业化(上卷):农业国工业化问题初探》,华中科技大学出版社 2002 年版。

[43] 张培刚:《农业与工业化(中下合卷):农业国工业化问题再论》,华中科技大学出版社 2002 年版。

[44] 张培刚、廖丹青:《二十世纪中国粮食经济》,华中科技大学出版社 2002 年版。

[45] 张新华:《三农问题与中国现代化》,天津社会科学院出版社 2007 年版。

[46] 赵兴发:《当代中国的粮食工作》,中国社会科学出版社 1988 年版。

[47] 钟甫宁主编:《农业政策学》,中国农业大学出版社 2000 年版。

[48] 中共中央文献编辑委员会编:《薄一波文选(一九三七——一九九二年)》,人民出版社 1992 年版。

［49］中共中央文献编辑委员会编：《陈云文选第三卷》，人民出版社1995年版。

［50］《中国对外经济贸易年鉴》编辑委员会：《中国对外经济贸易统计年鉴1984》，中国对外经济贸易出版社1984年版。

［51］中国社会科学院、中央档案馆编：《中华人民共和国经济档案资料选编（对外贸易卷)》，经济管理出版社1994年版。

［52］中国社会科学院、中央档案馆编：《1953~1957中华人民共和国经济档案资料选编（农业卷)》，中国物价出版社1998年版。

［53］中央财经领导小组办公室编：《中国经济发展五十年大事记（1941.10~1999.10)》，人民出版社、中共中央党校出版社1999年版。

［54］中央文献研究室编：《建国以来重要文献选编（第8册)》，中央文献出版社1994年版。

［55］周弘、张浚、张敏：《外援在中国》，社会科学文献出版社2007年版。

［56］朱丕荣：《国际农业与中国农业对外交往》，中国农业出版社1997年版。

2.译著类

［1］［英］安格斯·麦迪森：《世界经济千年史》，北京大学出版社2003年版。

［2］［瑞典］贝蒂尔·俄林：《地区间贸易和国际贸易》，王继祖等译，首都经济贸易大学出版社2001年版。

［3］［德］弗里德里希·李斯特：《政治经济学的国民体系》，商务印书馆1961年版。

［4］［美］H.钱纳里：《结构变化与发展政策》，经济科学出

版社 1991 年版。

[5]［美］H. 钱纳里、S. 鲁滨逊、M. 赛尔奎因：《工业化和经济增长的比较研究》，上海三联书店、上海人民出版社 1995 年版。

[6]［澳］基姆·安德森、［日］速水佑次郎：《农业保护的政治经济学》，蔡昉等译，天津人民出版社 1996 年版。

[7]［希腊］色诺芬：《经济论、雅典的收入》（中译本），商务印书馆 1997 年版。

[8]［美］西蒙·库兹涅茨：《各国的经济增长》，常勋等译，商务印书馆 2005 年版。

[9]［印度］苏布拉塔·加塔克、肯·英格森特：《农业与经济发展》，华夏出版社 1987 年版。

[10]［日］速水佑次郎、［美］弗农·拉坦：《农业发展的国际分析》，郭熙保、张进铭等译，中国社会科学出版社 2000 年版。

[11]［日］速水佑次郎、神门善久：《农业经济论（新版）》，沈金虎等译，中国农业出版社 2003 年版。

[12]［美］W.W.罗斯托：《经济增长的阶段：非共产党宣言》，中国社会科学出版社 2001 年版。

[13]［日］小岛清：《对外贸易论》，南开大学出版社 1984 年版。

[14]［美］约瑟夫·E. 斯蒂格利茨、安德鲁·查尔顿：《国际间的权衡交易——贸易如何促进发展》，沈小寅译，中国人民大学出版社 2008 年版。

3. 中文期刊类

[1] 蔡昉：《论农业保护及其替代政策》，《农村经济与社会》

1993 年第 2 期。

　　［2］蔡昉：《比较优势与农业发展研究》，《经济研究》1994 年第 6 期。

　　［3］曹冲、陈俭、夏咏：《中国主要农产品贸易中隐含的虚拟耕地资源"尾效"研究》，《中国人口·资源与环境》2019 年第 2 期。

　　［4］程国强：《论农业贸易保护政策》，《世界经济》1994 年第 5 期。

　　［5］程国强：《论世界贸易组织框架下中国农业与贸易政策的调整》，《农业经济问题》1996 年第 6 期。

　　［6］程国强：《中国农产品贸易：格局与政策》，《管理世界》1999 年第 3 期。

　　［7］程国强：《在"绿箱"与"黄箱"中做文章——透视中国农业补贴》，《中国改革》2001 年第 9 期。

　　［8］程国强·《中国农产品出口增长、结构与贡献》，《管理世界》2004 年第 11 期。

　　［9］程国强、崔卫杰：《多哈回合农产品关税谈判对中国的影响评估》，《管理世界》2005 年第 12 期。

　　［10］程国强：《发达国家农业补贴政策的启示与借鉴》，《红旗文稿》2009 年第 15 期。

　　［11］程杰、鄂德峰：《关税配额未完成：理论根源与实证分析》，《国际贸易问题》2009 年第 7 期。

　　［12］方齐云、张培刚：《工业化进程中的中国农业》，《求是学刊》1996 年第 1 期。

　　［13］方齐云、张培刚：《中国的农业发展与工业化》，《江海学刊》1996 年第 1 期。

[14] 冯海发、李微:《工业化的成长阶段与我国农业发展政策的调整》,《经济学家》1991 年第 5 期。

[15] 耿晔强、马海刚:《巴西农业贸易政策发展演变及启示》,《世界农业》2007 年第 8 期。

[16] 郭斌、包利民、贾钰玲、吕向东:《美国自由贸易区农业谈判战略及启示》,《世界农业》2016 年第 12 期。

[17] 国家统计局课题组:《我国区域发展差距的实证分析》,《理论参考》2004 年第 7 期。

[18] 黄水灵:《"一带一路"各国农业贸易自由化模式及其影响研究》,《现代经济探讨》2019 年第 1 期。

[19] 贾莉莉:《WTO 农产品贸易规则与中国农业发展策略》,《世界农业》2003 年第 11 期。

[20] 贾杉:《美国对中国农产品贸易壁垒研究》,《世界农业》2012 年第 8 期。

[21] 介跃建:《引入全球贸易模型研究中国农产品贸易政策选择》,《中国农业大学学报》1999 年第 5 期。

[22] 凯西·贝利斯、汤敏:《美国农业贸易最新概览》,《世界农业》2017 年第 10 期。

[23] 康文:《中国农产品贸易现状和发展策略分析》,《农业经济》2009 年第 11 期。

[24] 柯炳生:《美国新农业法案的主要内容与影响分析》,《农业经济问题》2002 年第 7 期。

[25] 蓝庆新:《我国农产品国际比较优势的实证分析》,《财经研究》2003 年第 8 期。

[26] 李秉龙、乔娟:《农产品贸易自由化与发达国家农业保护》,《调研世界》2000 年第 7 期。

［27］李二敏：《我国农产品对外贸易竞争力研究》，《经济纵横》2011 年第 11 期。

［28］李飞、孙东升：《巴西的农业支持政策及对中国的借鉴》，《中国农机化》2007 年第 5 期。

［29］李溦、王广森、冯海发：《日本工业化不同阶段的农业政策》，《世界农业》1992 年第 1 期。

［30］李溦、冯海发：《农业剩余与工业化的资本积累》，《中国农村经济》1993 年第 3 期。

［31］李伟杰、李传健：《试论中国农业国内支持政策体系的构建》，《经济问题》2007 年第 9 期。

［32］林毅夫：《有关当前农村政策的几点意见》，《农业经济问题》2003 年第 6 期。

［33］林毅夫、刘明兴：《经济发展战略与中国的工业化》，《经济研究》2004 年第 7 期。

［34］梁炜、任保平：《中国经济发展阶段的评价及现阶段的特征分析》，《数量经济技术经济研究》2009 年第 4 期。

［35］刘波：《虚拟水战略背景下我国农产品贸易发展对策》，《企业经济》2009 年第 4 期。

［36］刘宏渊：《农民收入现状：制度与思路》，《经济体制改革》2003 年第 5 期。

［37］刘志雄、董运来、耿建：《印度农业贸易政策改革：问题和前景》，《经济与管理研究》2008 年第 1 期。

［38］卢锋：《误读补贴——我国农产品贸易政策与入世谈判》，《国际贸易》2001 年第 3 期。

［39］鲁礼新：《1978 年以来我国农业补贴政策的阶段性变动及效果评价》，《改革与战略》2007 年第 11 期。

［40］ 马进：《我国农产品贸易与农业环境的双向影响机制研究》，《山东社会科学》2017 年第 8 期。

［41］ 马述忠：《我国转基因农产品贸易政策目标的选择》，《对外经贸实务》2003 年第 8 期。

［42］ 乔长涛、付宏、陶珍生、汪金伟：《资源禀赋、结构差异与农产品贸易》，《中国农村经济》2019 年第 4 期。

［43］ 裴孟荣、王万山、袁飞：《论加入 WTO 后我国农产品国际贸易政策调整》，《中国软科学》2003 年第 3 期。

［44］ 任寿根：《WTO 与中国关税政策》，《管理世界》，2000 年第 6 期。

［45］ 特木钦：《政治经济学视域下的农产品贸易保护制度比较研究——兼评〈农产品贸易保护制度的政治经济学〉》，《农业经济问题》，2017 年第 11 期。

［46］ 申秀清：《我国农产品对外贸易发展结构及其战略调整》，《改革与战略》2015 年第 12 期。

［47］ 孙晓红：《WTO 农产品贸易规则与我国农产品贸易政策的选择》，《山西财经大学学报》2002 年第 5 期。

［48］ 佟福全：《自由贸易政策的大倒退——美国农产品贸易保护新政策及负面影响》，《国际贸易》2002 年第 6 期。

［49］ 王德文：《浅析日本的农产品贸易保护政策和措施》，《现代日本经济》1993 年第 4 期。

［50］ 王厚双、黄金宇：《贸易自由化进程中的日本农业保护政策研究》，《世界农业》2017 年第 10 期。

［51］ 王昕：《中国农业贸易保护现状及农业国际化政策选择》，《农业经济》1996 年第 1 期。

［52］ 王永德、尚杰、刘丽伟：《WTO 过渡期后中国农产品

贸易面临的机遇与挑战》，《商业研究》2008 年第 12 期。

[53] 王禹、李哲敏、吴培、张超：《金砖国家农业支持政策比较》，《安徽农业科学》2017 年第 5 期。

[54] 威尔·马丁：《加入世界贸易组织与中国的农业贸易政策》，《世界经济》2000 年第 10 期。

[55] 魏素豪：《入世以来中国国际农产品贸易趋势、特征与对策研究》，《现代管理科学》2019 年第 7 期。

[56] 吴国松、朱晶：《中国农业贸易政策调整与比较优势变动研究——加入 WTO 十年以来》，《西北农林科技大学学报》（社会科学版），2014 年第 1 期。

[57] 徐更生：《美国农业政策的重大变革》，《世界经济》1996 年第 7 期。

[58] 许天娇：《中英两国农产品贸易市场准入政策比较》，《世界农业》2016 年第 12 期。

[59] 徐轶博：《美国农业支持政策：发展历程与未来趋势》，《世界农业》2017 年第 8 期。

[60] 于孔燕：《农业大国农产品贸易促进机制对我国的启示》，《农业经济问题》2007 年第 9 期。

[61] 余莹：《WTO 国营规则与我国农产品国营贸易制度》，《亚太经济》2006 年第 6 期。

[62] 原瑞玲、倪洪兴、田志宏：《对 2008 年我国农产品贸易逆差剧增的分析与思考》，《中国农业大学学报（科学社会版）》2009 年第 12 期。

[63] 张军、刘玮、赵小杰：《欧盟贸易政策取向对中国对欧农产品贸易影响分析》，《商业经济研究》2016 年第 2 期。

[64] 张莉琴：《我国农产品的进口关税水平及税率结构安

排》，《中国农村经济》2005 年第 7 期。

[65] 张旭青、李源生、朱启荣：《美国农产品出口支持措施及其对我国的启示》，《国际贸易问题》2005 年第 3 期。

[66] 赵春明：《"一带一路"战略与我国绿色产业发展》，《学海》2016 年第 1 期。

[67] 赵春舒：《日本技术性贸易壁垒对其农产品贸易的影响》，《世界农业》2018 年第 10 期。

[68] 赵放、陈阵：《日本农业贸易保护政策的问题及其改革思路评析》，《日本学刊》2009 年第 4 期。

[69] 赵姚阳、杨炬烽：《我国农产品贸易中的虚拟耕地交易分析》，《长江流域资源与环境》2010 年第 2 期。

[70] 郑枫、乔生：《WTO 农产品贸易规则与"适世"措施研究》，《山东社会科学》2004 年第 9 期。

[71] 郑有贵：《农业养育工业政策向工业反哺农业政策的转变——"取""予"视角的"三农"政策》，《中共党史研究》2007 年第 1 期。

[72] 中国农业大学经济管理学院课题组：《中国农产品贸易政策的选择》，《中国农村观察》1999 年第 4 期。

[73] 周曙东、卢祥、郑建、肖宵：《自由贸易区战略背景下中国农业供给侧结构优化研究——基于中国已签订 13 个自由贸易协定农产品贸易的模拟分析》，《中国农村经济》2018 年第 4 期。

[74] 周其文：《绿色发展视域下我国农产品贸易问题研究》，《农业经济》2020 年第 6 期。

[75] 周应恒、赵文、张晓敏：《近期中国主要农业国内支持政策评估》，《农业经济问题》2009 年第 5 期。

[76] 周勇、赵悦：《日本绿色贸易措施与中国农产品贸易的

可持续发展之路探究》，《世界农业》2014 年第 11 期。

　　［77］朱颖、李艳洁：《美国农产品贸易政策的全面审视》，《国际贸易问题》2007 年第 6 期。

　　［78］庄丽娟、王林：《我国与发达国家农业贸易政策比较》，《农业经济》1995 年第 8 期。

　　［79］宗义湘、王俊芹、刘晓东：《印度农业国内支持政策》，《世界农业》2007 年第 4 期。

　　4. 其他中文参考文献

　　［1］孙东升：《经济全球化与中国农产品贸易研究》，中国农业科学院博士学位论文，2001 年。

　　［2］仇景万：《多哈回合农业补贴谈判与中国农业补贴政策选择》，对外经济贸易大学博士学位论文，2018 年。

　　［3］谢旭人：《功在当代利在千秋——纪念农村税费改革十周年》，《求是》2011 年第 4 期，求是理论网，http：//www.qstheory.cn/zxdk/2011/201104/201102/t20110214_67950.htm。

　　［4］张少春：《从农村税费改革走向农村综合改革——纪念农村税费改革十周年》，中华人民共和国财政部网站，http：//www.mof.gov.cn/zhengwuxinxi/caizhengxinwen/201102/t20110221_459005.html。

　　［5］中华人民共和国商务部：《中国农产品出口分析报告 2009》，2010 年。

二、外文参考文献

　　［1］Biswajit Dhar，"Agricultural Trade and Protection"，Economic and Political Weekly，2007，Vol. 42，No. 27/28，pp. 2904-2909.

［2］Everett B. Peterson，"Thomas W. Hertel，James V. Stout. A Critical Assessment of Supply –Demand Models of Agricultural Trade"，American Journal of Agricultural Economics，1994，Vol. 76，No. 4，pp. 709–721.

［3］Elisabeth Sadoulet and Alain de Janvry，"Agricultural Trade Liberalization and Low Income Countries：A General Equilibrium Multimarket Approach"，American Journal of Agricultural Economics，1992，Vol. 74，No. 2，pp. 268–280.

［4］Gale，Fred，"China's Corn Export：Business as Usual，Despise WTO Entry". Economic Research Service/USDA，Washington，DC. ［Online］. Available at www.ers.usda.gov/publications/fds/dec02/fds1202–01/fds1202–01.pdf.

［5］Gary P. Sampson and Alexander J. Yeats，"An Evaluation of the Common Agricultural Policy as a Barrier Facing Agricultural Exports to the European Economic Community"，American Journal of Agricultural Economics，1977，Vol. 59，No. 1，pp. 99–106.

［6］Grace Skogstad，"The State，Organized Interests and Canadian Agricultural Trade Policy：The Impact of Institutions"，Canadian Journal of Political Science/Revue Canadienne de Science politique，1992，Vol. 25，No. 2，pp. 319–347.

［7］Ian W. H. Parry，"Agricultural Policies in the Presence of Distorting Taxes"，American Journal of Agricultural Economics，1999，Vol. 81，No. 1，pp. 212–230.

［8］J. Alexander Nuetah，Xian Xin，"Global agricultural trade liberalization：Is Sub–Saharan Africa a Gainer or Loser?" The Journal of International Trade & Economic Development，2017，Vol.

26, No. 1, pp. 65–88.

［9］ Jeroen Klomp, Barry Hoogezand, "Natural Disasters and Agricultural Protection: A Panel Data Analysis", World Development, 2018, Vol.104, No. 4, pp. 404–417.

［10］ Jimmye S. Hillman, "Nontariff Barriers: Major Problem in Agricultural Trade", American Journal of Agricultural Economics, 1978, Vol. 60, No. 3, pp. 491–501.

［11］ Johan F. M. Swinnen, "A Positive Theory of Agricultural Protection", American Journal of Agricultural Economics, 1994, Vol. 76, No. 1, pp. 1–14.

［12］ Julian M. Alston, Colin A. Carter, Richard Gray, Daniel A. Sumner, "Third–Country Effects and Second–Best Grain Trade Policies: Export Subsidies and Bilateral Liberalization", American Journal of Agricultural Economics, 1997, Vol. 79, No. 4, pp. 1300–1310.

［13］ Kerry A. Chase, "Imperial Protection and Strategic Trade Policy in the Interwar Period", Review of International Political Economy, 2004, Vol. 11, No. 1, pp. 177–203.

［14］ Malcolm D. Bale and Bruce L. Greenshields, "Japanese Agricultural Distortions and Their Welfare Value", American Journal of Agricultural Economics, 1978, Vol. 60, No. 1, pp. 59–64.

［15］ Malcolm D. Bale and Ernst Lutz, "Price Distortions in Agriculture and Their Effects: An International Comparison", American Journal of Agricultural Economics, 1981, Vol. 63, No. 1, pp. 8–22.

［16］ Paul Gallagher, "International Marketing Margins for

Agricultural Products: Effects of Some Nontariff Trade Barriers", American Journal of Agricultural Economics, 1998, Vol. 80, No. 2, pp. 325-336.

[17] William P. Avery, "American Agriculture and Trade Policymaking: Two-Level Bargaining in the North American Free Trade Agreement", Policy Sciences, 1996, Vol. 29, No. 2, pp. 113-136.

后 记

本书是在博士论文的基础上扩展而来的。在中国人民大学的三年期间，导师高德步教授的谆谆教诲和不断的鼓励使我在学习和研究中方向明确、信心十足。在本书的题目选择、提纲拟定、内容修改和终稿确定的过程中，高老师都倾注了大量心血。高老师丰富的学识、严谨的治学态度以及高洁的人品令我受益匪浅。在此谨向高老师致以衷心的感谢和崇高的敬意！

此外，贺耀敏教授、陈勇勤教授、陈争平教授、李毅教授和武力教授对论文提出了许多宝贵的修改意见；杨乙丹师兄、徐铁师兄、刘维奇同学在论文完成过程中给了我许多中肯的意见和鼓励；同寝室的同学们在论文的写作过程中给予了我很多的关心和帮助；众多文献、资料的作者、编者、译者、出版者以及为这些文献资料的发行和收藏付出过汗水的人们都给了我很大的帮助。衷心感谢这些帮助过我的人！

来到山西财经大学的五年多时间里，在经济学院良好的工作和研究氛围中，我也在科研的道路上一步步前进，在申请项目、撰写论文过程中，经济学院的领导和同事们都给予了我很多切实的帮助。

感谢所有关心和帮助过我的人们！感谢山西财经大学经济学院的出版资助！

韩媛媛

2020 年 6 月 30 日